誘う怪談

松本エムザ

竹書房
怪談
文庫

目次

※本書は、小説投稿サイト〈エブリスタ〉に投稿された作品を加筆修正し、一冊に纏めたものです。
また、本書に登場する人物名は様々な事情を考慮し、すべて仮名にしてあります。あらかじめご了承ください。

誘ゐ怪談

松本エムザ

母の誘《いざな》い

小学校教諭の弥生さんが、新任だったころの話だ。

三年生の学級副担任となった弥生さん。六月になり、水泳の授業が始まった。

クラスの女子生徒である藤田さんは、その日もプールの授業は見学。担任であるベテラン教師から、健康的理由で彼女はプールに入れないのだと、弥生さんは聞かされていた。

プールサイドの片隅で、水遊びに興じる同級生を、藤田さんはぼんやりと眺めている。

すると、

「ねぇ、ちょっと」

強い口調の声掛けに弥生さんが振り向くと、フェンスの向こうに抱っこ紐で赤ちゃんを胸に抱いたひとりの女性と視線があった。

「どうしました?」

「何やってんのよ！　ちゃんと全員泳がせなさいよ！」

唐突に、怒りをあらわにしてくる女性。誰かの父兄だろうか。

困った弥生さんが言葉に詰まっていると、

「あの子よ、あの子！　どうしていつも見学させているのよ！　ダメじゃない！」

藤田さんを指さした女性は、更に厳しい口調で弥生さんを責め立てる。弥生さんはベテランに助けを求めようと、プールサイドの反対にいた担任の元へ急いだ。

「困った保護者が来ているんですけど」

「どこ？」

「あそこです」

振り返ると、女性の姿は消えていた。

「……貴女も見ちゃったか」

担任の、思わせぶりな台詞には理由があった。

藤田さんは三年前、水の事故で母親とまだ赤ちゃんだった弟を同時に亡くしていた。その現場に藤田さんもいたが、奇跡的に彼女だけは助かった。

「水のある場所は、事故を思い出しちゃうから、いつも見学しているのかと思っていたけれど」

実際はそうではなく、水場に近寄ると、母親が藤田さんをあちらの世界に連れて行こうとするから、絶対プールには入れないでくれと、父親からきつく言われていたという。

眉唾ものの話ではあるが、事実藤田さんはプールだけでなく、自宅の浴槽内でも溺れかけたことがあり、「誰かに足を引っ張られた」と証言しているのだと。父親曰く、母親の死は事故ではなく、子供を道連れにした無理心中だった可能性が高いらしい。

「学校のプールでも、何人かの生徒や先生が見ているのよね。藤田さんのお母さんらしき、赤ちゃんを抱いた女性の姿を。でも話をしたのは貴女が初めてだわ」

女性の額に張りついた濡れた前髪の理由は、汗ではなかったのかと、弥生さんはちっとも嬉しくない「初めて」に震えた。

その後、藤田さんは父親の転勤を機に転校し、以降の消息は不明だという。

母親が、藤田さんも道連れにしようとすることを、もう諦めていて欲しいと切に願う弥生さんであった。

ベビーカーおばさん

お人好しと評判のタカちゃん。

彼女の地元ではかつて「ベビーカーおばさん」とあだ名される女性が、よく目撃されていたという。

真夏でもニット帽に長袖姿で、足を引きずりながら歩く姿は老婆にも見えるが、ベビーカー（と言うよりは、籐で編まれたカゴと四輪の昔ながらの乳母車《うば》）の中の赤ちゃんに「よーしよしよし」「いないいないばぁ」などと言ってあやす声には若さが残る、年齢不詳の女性であった。

実はその赤ちゃんが人形だったとか大きなぬいぐるみだったとかはよく聞く話であったが、そのおばさんのベビーカーの中は常に空《から》っぽだった。

無人のベビーカーに、微笑み語りかけるおばさんを気味悪がる子供も多い中、タカちゃんは彼女を見掛けると、一緒になって見えない赤ちゃんをあやしてあげていた。

「よく遊びに行く公園に来ていたんですよ。ベンチに座ってね。だから私も真似をして」

そんなある日、おばさんがタカちゃんに話し掛けてきた。「かわいいでしょう?」と。

もちろんタカちゃんには何も見えていなかったが、話を合わせて「うん」と答えてあげた。

するとおばさんはタカちゃんに、

「いつかあたしが死んだら、この子のお世話を貴女に任せてあげるわね」

などと言いだした。何と答えていいのか分からずに、タカちゃんは曖昧に笑ってその場をやり過ごしたという。

タカちゃんが高校生にもなると、公園へ行く機会も減っておばさんと会うこともなくなり、街で彼女を目撃する声も聞かれなくなってきた。部活や勉強も忙しくなり、タカちゃんもおばさんの存在を忘れかけたころ——


ある朝タカちゃんは、自宅の庭に、件《くだん》のベビーカーが「よろしくお願いします」と走り書きされたメモとともに放置されているのを見つけた。壊れてボロボロになったベビーカーを見て「粗大ゴミを庭に捨てられた」と激怒する父母に、本当のことを告げられず、タカちゃんはメモを捨て知らんふりを決め込んだ。

そしてある日、タカちゃんのご両親はベビーカーを粗大ゴミとして、街の収集所に捨てに行ってしまった。

その日ご両親が自宅に戻ると、長年飼っていた犬が泡を吹いて倒れており、そのまま息を引き取った。翌朝、タカちゃんが可愛がっていた文鳥も、二匹とも死んでしまった。

「それ以来、何を飼っても数日で死んじゃうようになっちゃってね」

ペットを飼うことはもう諦めたのだと、タカちゃんは寂しそうに語ってくれた。

樹上の月

小学生のころ、近所のマンションで男性が自ら命を絶った。子ども心に衝撃だったのは、その男性が人気絶頂の二枚目俳優だったこと、そして猟銃を使っての自殺であったことだった。

「樹の上から、見下ろしてくるんだって」

その噂は、子どもたちの間で一気に広まった。俳優が自殺を遂げたマンションの前には、一本の背の高い樹が植えられており、夜間にそこを通って樹を見上げると、俳優の生首がじっとこちらを見つめてくるのだという。

週に数回の塾通い。その夜は近所に住むアキコちゃんと一緒に帰ることになった。ひとりのときは夜道が怖くて走るように帰っていたけれど、二人だから気が大きくなっていたのか、噂のマンションを通ってみようとどちらからともなく言いだした。

おしゃべりしながら並んで歩き、もうすぐマンションの前となったとき、

「……あ」

アキコちゃんが息を飲んで足を止めた。私も立ち止まり、アキコちゃんの視線の先を追うと、見上げた樹の枝葉の向こうに白く光る月が出ていた。なぜかふたつの――

瞬きして目を凝らす。

「……あ」

今度は私が息を飲む番だった。本物の月の下にもうひとつ見えていたのは、人の顔だった。樹の上からこちらを見下ろしている、青白い顔。

人間と言うのは、本当に怖いときには叫び声も出ないのだと学んだ。アキコちゃんと私はただただ無言で、足早に前だけを見てその場から立ち去った。

翌日、アキコちゃんと学校で会ってもなぜかその話を持ち出すことが出来なかった。言葉にして確認し合うと、昨晩見た物が現実味を帯びてしまうようで。「気のせいだった」と、思い込みたかったのだろう。

回り道して帰ったことがばれたら怒られるかもと、親兄弟にも言えなかった。何より、

樹上からこちらを見下ろしていたあの顔が怖かった。早く記憶から消したかったのだ。

後年ネットが世に広まってから、この俳優について調べて分かったことがある。彼が自殺をしたのはあのマンションではなく、件の場所には別居中の奥さんが住んでいた。なのに小学生の間では、彼の幽霊が樹上に現れるという噂が流れたのだ。

でも噂は間違いなのではと、私は以前から感じていた。

なぜなら、あの夜に樹の上に見えたのは、女の人の顔だったからだ。誰かは分からない、表情の読めない能面のような女性の顔。

今でも月夜の晩に高い樹を見つけると、視線をつま先に向けてしまう。

樹上にもうひとつ、青白い球体が浮かんでいるような気がして。

気になる木

美千代さんのご主人の実家には、一本の金柑の木が植えられていた。
冬になれば黄金色の果実をたわわに実らせ、お姑さんがそれをジャムや金柑酒などに作り上げ、毎年おすそ分けしてくれていた。それがある年からぴたりと止まった。

「木がダメになっちゃったのよ」

お姑さんが大事にしていた金柑の木。どうしたことかと年末に実家を訪ねてみると、木の半分が常緑樹のはずなのに葉を落とし枯れ果てており、かろうじて枝にしがみついている幾つかの実も、萎びて腐りかけ灰色に変色している。

虫か病気にでもやられたのかと思ったら、お姑さんはこんなことを言う。

「悪い気が流れてくるから、こうなっちゃったのよ」

「やっぱり病気なの？」

「違う違う。気だよ、気。邪気《じゃき》って言うの？　悪いヤツ。Y崎さんちから流れてくるんだよ、それが」

Y崎さんとは、金柑が植えられた庭の裏手に面したお宅だ。美千代さんの義父母と歳の近いご夫婦とその息子さんが住んでいて、お姑さんとY崎さんは一緒に観劇したり旅行したりと仲良くしていた。なのにまるで、今は犯罪者を呼ぶように「Y崎さん」の名前を口にする。

ご主人は商売女にはまって金をつぎ込んでいる。奥さんはパチンコ屋に入り浸って常連の男に色目を使っている。息子は何人もの女性を身ごもらせた揚句《あげく》、それを堕ろさせている。飼い犬は近所の小型犬を噛みまくっているのに、謝罪ひとつしやしない。

次から次へと明かされるY崎さんのお宅事情が、どこまでが真実かはたまた拡大解釈なのか分からなかったが、お姑さんはY崎さん家族の悪行が放つ悪い気が、自宅まで流れてきて金柑の木を腐らせているのだと、仲が良かったはずのY崎さんへの嫌悪感を隠すことなく言い張った。

「実際そのあと、Y崎さんのご家族は離散されてご自宅も売りに出されちゃったんですけど、不思議なことにその翌年には金柑は元通り葉をつけて、実もたくさん取れるようになったんです」

美千代さんの話を聞きながら、私は考えていた。金柑の木を枯らしたのは、Y崎さんのお宅が原因というより、Y崎さんに向けたお姑さんの憎悪の念が、そうさせたのではないかと。

後年、義父母が実家を手放し、高齢者用マンションに移り住む際に「金柑の木を引き取らない?」と言われたが、美千代さんは丁重にお断りしたという。

「だってまた突然枯れたら怖いですよね?　原因が自分だったらとか思うと」

美千代さんの意見に、激しく同意である。

縁起でもない

年の初めは、家族一同が集まる。

両親、姉夫婦、そして我が家の夫と息子二人で、実家のマンションで飲んで騒いで新年を祝うのだ。

近隣に住んでいる姉夫婦は終電間近に自宅へ帰るが、遠方から訪ねている我が家はそのまま一泊させてもらう。あてがわれる和室は、息子たちが成長しきった現在、四人で眠るには狭すぎて、ここ数年私はリビングに布団を敷いて眠っている。

遅くまで飲み食いしているせいか、みな夜中にトイレに起きる。その際リビングの私の足元を通ることになるのだが、眠りの浅い私は、家族が通るたびに目が覚めてしまう。

最初は大抵父親だ。スリッパを引きずるように歩き、痰が絡まった咳をする。次は夫。マンション暮らしに慣れていないせいか、ドタドタと音を立てて歩く。そして母親。スリッパを履き、体重が軽いからか足音も軽い。長男は一度寝たら朝まで起きないので出てこない。次男は夫同様素足で、トイレより先に台所で冷蔵庫を開け炭酸飲料を飲む。

こんな風に、目を閉じていても誰が通ったか音で分かるのだが、今年のお正月は少々違った。

聞いたこともない足音が聞こえたのだ。

と、と、と、と、と、と。

まるで小さな子が裸足で走るような足音に、（この足音、誰？）と、思考が止まった。

その瞬間、枕元で、

「あーあ」

という女の子の声が聞こえてきた。まるで誰かの失敗を咎めるように、「あーあ。あーあ」と繰り返す。

布団の両脇はソファやテーブルが占めていて、足元にいた人間が瞬時に枕元に行ける足の踏み場はない。これは人ならざるものの仕業か？　と混乱する。

体験談ではこんなときは金縛り状態だと聞くが、私の場合自由に動けたし、目を開けて正体を拝むことも可能だった。けれど生来の臆病風が吹きまくり、硬く目を閉じたまま、

(帰れ！　お前は家族なんかじゃない！　今すぐ出て行け‼)

と、念じることしか出来なかった。

しばらくすると「何か」の気配は消え、私は布団を被ったまま再び眠り朝を迎えた。


「おかあ、昨日何度もあくびしていなかった？」

次男坊が朝食の席で尋ねてきた。彼にも聞こえていたのだ。

でも、年老いた両親を怖がらせるのもどうかと
「ごめんごめん。酔っ払っていたのかな？」

と誤魔化しておいた。


「あーあ」

と、少女は何に落胆していたのだろうか。

この一年、私に何かがっかりするようなことが起きるとでも言うのだろうか。

私の幸せを羨んでの「あーあ」だと、信じてしまおうと思っている。

左目の鬼

とある友人の、甥っ子さんの話だ。

ある年の夏、甥っ子の翔太君とその母親の妹さんが、友人の家に遊びに来た。ちょうど近所の神社に縁日が出る日だったので、陽が暮れるころに三人で出掛けることにした。三歳の翔太君にとっては初めての経験で、参道に並ぶ露店の賑わいに最初は喜んでいたのだが、「おにさん、こわい。おにさん、こわい」と、突然べそをかきだした。

眼前にお面を売っている店があり、鬼の面でもあるのかと見ても、子供に人気のキャラクターのプラスチックの笑顔ばかりで、鬼と見間違えるような怖い面は見当たらない。店主が若干強面の若者だったので、もしかすると「おにさん」とは「お兄さん」のことかと「怖いお兄さんでもいた？」とこっそり尋ねても、

「ちがう。おにさん。つののはえたおにさん」と、声を震わす。

翔太君の視線を追うと、お面屋とは明後日の方向を見つめている。が、そこには緑の繁った木立があるだけだ。

一体何を見ているのかと友人が首を捻っていると、妹さんが、

「翔太、これしなさい」

そう言って、何かを手渡した。

翔太君は戸惑うこともなく、素直にそれを耳にかける。彼に渡されたのは、医療用の白い眼帯だった。

「もう見えないでしょ？」

妹さんの問い掛けに、

「うん」

と、左目を眼帯で隠した翔太君はにっこりと頷いた。

唖然とする友人に、妹さんは淡々と語る。

「覚えてる？　翔太が生まれてすぐのころ、左目だけいつも閉じていたこと」

甥っ子誕生のお祝いに、病院に駆けつけた日を思い出す。生まれたばかりの翔太君は、確かになぜか左目だけ、ウィンクするようにつぶっていた。何か異常かと皆心配したが、

たまにパチリと開くし、医者も「問題ない」と言う。

生後半年も経つと、片目を閉じている時間もほとんど無くなり安堵していたのだが、二歳を過ぎておしゃべりが始まると、不思議な発言が増えてきた。

「左目がね、見えちゃうみたいなのよ。普通の人には見えない物を」

だから外出時には眼帯が欠かせないのだと、妹さんは言う。

「神社とかお墓とか、パワースポットみたいな所に行くときには特にね」

見えない物を見てしまう左目で、翔太君は「鬼」の姿を見ていたのか。

改めて見ても、翔太君が恐れていた木立に、友人は何の姿も見つけられなかった。


その後小学校入学前の検査の結果、問題の左目だけが異常に視力が低く、矯正用の眼鏡を掛けていれば翔太君はそういった物を見ないで済むことが分かった。

「もう眼帯は必要なくなったわ」

妹さんは、そう喜んでいるそうだ。

途切れない女

玲奈さんの同級生『M』には、常に交際している異性がいた。それも皆イケメンだったり秀才だったり、いわゆる「スペックの高い彼氏」が。

Mの見た目はお世辞にも可愛いとも美人とも言い難く、かといってとびきり性格がいい訳でもない。男にしか分からない魅力があるのかも。そんな風に思っていた玲奈さんだが、ある日友人からこんな話を聞かされた。

友人とMは、高校で男子サッカー部のマネージャーをしていた。県内でもそこそこの強豪で、人気の男子生徒が多く所属していた。一年生のころ、入学してすぐに、Mはキャプテンの三年生と付き合いだした。三年生が引退すると、次の世代でも一番のモテ男子を落としたのがMだった。

女子マネ達からは、非難の声が上がった。

「特定の部員だけをサポートするのは止めて！」

ある先輩が全員の前で、Mに向かって注意をした。Mは狙った部員がいると、その部員ばかりを甲斐甲斐しく世話していたというのが、その理由だった。

その後、Mを叱った先輩が登校中に自転車で転倒し、足を骨折して入院する事態が起きた。

厳しいけれど面倒見のいい先輩を慕っていた友人が、病院にお見舞いに行くと、

「Mには気をつけて」

そう先輩に告げられた。

「あの子がどうして彼氏が切れないか、分かっちゃったの。あの子、目当ての部員が転んだり接触したりして怪我をすると、真っ先に駆け付けて傷の手当てをするんだよね。そのとき私見ちゃったの。彼女が傷の処置をした血のついたガーゼを、こっそりポケットに仕舞いこんでいたのを。絶対あの子アレを使って、男を落としていたんだと思う」

「それって、おまじない的な何かとかですか？」

「そうよ。だってコレ見て」

先輩が見せてくれたのは、針金で出来た小さな人形だった。なぜか片足が、不自然に捻じ曲げられている。

「私の鞄に入っていたの。きっとあの子の仕業よ」

先輩のあまりに真剣な表情に、友人は「そんなバカな」とは笑い飛ばせなかったという。


「松本さん、言ってましたよね？」

玲奈さんは続ける。

「海外では、今でも普通に『呪術』が日常的に行われている国があるって」

それは、私が知人の駐在員の奥様から聞いた話だった。アジアの某国では「呪いを解いてくれるかかりつけのドクター」までもが、どこの家庭にもいるのだとか。

「Mは帰国子女で、高校に上がるまでその国で暮らしていたんですよね」


人を呪わば穴ふたつ。

例え生涯独り身でも、真似をしたくないモテテクである。

されこうべ

奇しくも「理科室の頭蓋骨」の話が二つ集まった。

ひとつ目は、若い友人Kの小学生のころの話。

掃除の時間、理科室担当になったKは、サボりがてら壁面の陳列棚を見て回り、ビーカーなどの実験器具、様々な色や形の鉱石、イタチやフクロウなどの小動物の剥製の陰に隠れた、頭蓋骨を発見した。両手拳を合わせた程度の大きさで、人間にしては小さく思えたが、子供の物なのか単なる模型なのかは判別がつかなかった。

ぽっかりと空いた眼窩が気になって、Kは鉛筆を頭蓋骨の右目に突き刺すと、グリグリと鼻の穴まで通した。目と鼻が繋がっていることを体感できて喜んだのも束の間、悲劇はその夜から訪れた。

鋭い痛みが、Kの右目を襲った。赤く充血した眼球は、時間を追うごとにどす黒く変わっていく。「ガイコツの呪いだ」と、Kは仏壇や寺や神社や教会に片っ端から、（ごめんなさい！　許して下さい！）と、祈り続けた。

祈りが効いたのか、三日もすると目の異常は消えたが、理科室の頭蓋骨もいつの間にか消えていた。Kが担任に頭蓋骨の行方を尋ねると、「そんなもの最初からないぞ」と笑って相手にしてくれなかった。

「でも先生の目は、全く笑っていなかったんだよね」

そう、K君は語った。

もうひとつは、アラフィフの友人A子の話。

彼女が通っていた高校の生物室にも、頭蓋骨があった。ハンドボールより一回りほど小さいサイズ、象牙の様な質感と色から「本物」だと信じていたが、気になったのは後頭部の部分が変形して平らになっており、穴が出来かけていることだった。

その理由らしき話が聞けたのは、出席した同窓会の場であった。

「高校の生物室に、頭蓋骨ってあったよね？」

A子が同級生に尋ねたところ、ひとりの男子（今ではすっかりおじさんだが）がなぜか声を潜めて答えた。

「I先生が、よく薬を飲んでいたの覚えている？」

I先生は、生物担当だった女教師だ。確かに胃が弱いとかで、よく教室で粉薬を飲んでいた記憶がある。

「俺、見ちゃったんだよね。先生が生物室の頭蓋骨をナイフで削って、その粉を飲んでいるところ」

会場の片隅で、当のI先生は他の生徒と談笑していた。傘寿を迎えたと聞いていたが、驚くほどに若々しく肌艶も良い。

まさか「若返りの秘訣は人骨ですか？」とも聞けずに、A子は悶々と同窓会の時間を過ごしたという。

時代も場所も違うこの二つの出来事に、何らかの繋がりを感じてしまうのは、怪談好きの「性《さが》」であろうか。

だぁれのえほん？

図書館のリサイクルフェアで、淳子さんは二歳になる娘さんにと、一冊の絵本を購入した。世界的にも有名なウサギのキャラクター、小さい子にも扱いやすいように厚い紙で製本された、「ボードブック」というタイプの絵本だった。

淳子さんのお嬢さん・あーちゃんは、その絵本をいたく気に入り、出かけるときも寝るときもそばに置いて離さなかったのだが、ある時期からちょっと気になる出来事が起きはじめた。

おとなしくひとりで絵本を読んでいたかと思うと、突然癇癪を起こして、

「あーたんの！　こえ（これ）、あーたんの!!」

などと、泣きわめくようになったのだ。

「そうよ。このご本はあーちゃんのよ。誰も取らないよ」

その都度淳子さんは、娘さんに言い聞かせて、なだめて落ち着かせた。

ひとり遊びが好きで物静かなタイプだった娘さんの、突然の変化に驚きはしたものの、「これも成長過程のひとつかも」と、淳子さんは自分を納得させていたのだが……。

その日、淳子さんがキッチンで夕飯の支度をしていたところ、リビングでひとり、その絵本をめくっていた娘さんが、またしても大きな声で騒ぎ始めた。

「だぁめ！　こえは、あーたんの！　あーたんのなの！」

リビングを覗くと、娘さんは怒りをあらわにして地団駄を踏みながら、絵本をしっかと抱きしめている。

「大丈夫だよ。誰も取らないよ」

ちょうど揚げ物に取り掛かっていた淳子さんは、声だけ掛けてすぐにキッチンに戻ったが、

「うわぁぁぁぁぁぁぁぁぁん」

今度は聞いたこともないような、娘さんの絶叫が聞こえてきた。

「あーちゃん！　どうしたの!?」

尋常じゃない泣き声に、慌てて娘さんのもとに駆け付けた淳子さんがそこに見たのは、

バラバラに引き裂かれて床に投げ出された絵本の残骸と、その近くで泣きじゃくる娘さんの姿だった。

「時間にして、五秒も経っていないんです。そんな短時間であんな分厚い絵本を、小さい娘がバラバラにできるワケないんです」

当時を思い出しながら、淳子さんは語る。

「もしかして元の持ち主だった子が、大切にしていた絵本を、ほかの子に渡したくなかったのかもね」

淳子さんのご主人はそう言って、絵本を丁寧にテープで治すと、知人のお寺に供養をお願いしたそうである。

そして娘さんには新しく同じ絵本を購入してあげ、もちろんそれは彼女の大のお気に入りとなった。

今春、娘さんは中学に進学した。

不思議な絵本のことは、一切覚えていないという。

叔父さんの本屋

まだ街のいたる所に本屋さんがあった、そんな昭和のころの話だ。

ハルキ君の叔父さん夫婦は、とある地方都市で小さな書店を営んでいた。

残念ながら、店の経営はあまり上手くいっていなかった。何しろ万引き被害が後を絶たず、売上への大打撃となっていて、店主である叔父さんは頭を悩ませていた。

近所にあまりガラのいいとは言えない男子校があり、恐らくその生徒の仕業ではないかと考えられたのだが、敵の手際がいいのかいつも決定的瞬間を押さえることが出来ず、被害の額だけが雪だるまのように増えていった。

そこで叔母さんが、天井に万引き防止用の監視ミラーを付けようと提案した。

早速オーダーして、叔父さんがそれを設置すると、お陰で書棚の奥の死角も、レジ台から容易にチェックできるようになった。

しかしとある理由で、鏡はすぐ取り外されることになった。

「その取り付けた鏡に、ずぶ濡れのジャージ姿の男が映る怪現象が起きるようになったんだって。店内にはお客さんは誰もいない。床が濡れた形跡もない。なのに、鏡の中には恨めしそうな顔をした男が佇んでいる。そんなことが何度も続いたらしい。一人で店番なんかしているときに、そんな奴と鏡の中で目が合ったりしてみ？　万引きされた方がまだましだって、提案者の叔母さん自ら早々に鏡を外したらしい」

居酒屋のざわめきの中、私はハルキ君から親戚の本屋で起きた怪異の話を聞かせてもらっていた。

「不思議なことに、その気味の悪い男が鏡に現れるのは、決まって日曜日の閉店間際だったんだって。やっぱアレかな？　休みが明けた月曜日に、出社するのが嫌で、近所で入水自殺とかしちゃった奴の霊とかだったのかな？」

想像の羽を広げるハルキ君に、

「いや、ジャンプの発売日が待ち遠しくて、あの世から出てきちゃった霊かもよ」

と、酔った勢いの思いつきを伝えてしまい、とんでもなく冷めた目で見られてしまった私。

結局、ハルキ君の叔父さん夫婦の本屋は売上が伸びず、店を畳んでしまったそうだ。

「鏡なんか付けなかったら、もしかしてもう少し続けられたのかもしれないのにな」

閉店に追い込まれたのが、万引き被害のせいなのか、見えない何かのせいなのか、それとも単に時代の移り変わりなのかは、最早確かめようがないけれどと、ハルキ君は話を括った。

もちろん、なぜその男が濡れていたのか、出現するのが日曜の夜だったのかも、結局分からずじまいである。

ねんねんころり

ある冬の日。

地方でライブを楽しんだ私は、夜の高速道路を家族の待つ自宅へと車を走らせていた。

ちょうど三連休の最終日で高速が渋滞していたため、下道を通って帰ることに決めた。

過去にも何度か日中に通ったことのあったその道は、ほぼ山か田んぼの中を走る曲がりくねった細道で、昼間走っていた際には気づかなかったが、街灯はまるでなく真っ暗で、時々明かりが灯った平屋建ての古い家屋がぽつぽつと遠くに見えるような、そんな田舎道だった。

ふと、ヘッドライトが照らした先に人影が映し出された。

胸元のばってん印に、かつての記憶がよみがえる。

あれは、赤ちゃんをおぶった女性だ。都会ではもうほぼ見かけない、昔ながらのおんぶひも。身体の前で交差させる紐が、胸を強調して見せるからとか、古臭いからとかで廃れているようだが、私が子育てをしていたころにも、短時間で可能な装着法、赤ちゃんを支える抜群の安定感、おんぶしたまま家事もこなせるなどの利点も多いことから、愛用しているママも多かった。

ゆっくり左右に揺れながら、赤ちゃんをあやす道の先の女性。

遠くに民家らしき灯りが見えるので、そこの家の人かもしれない。

車内の時計を見ると、既に十二時を回っている。

寒空の下、こんな時間に赤ちゃんを背負って外に出るとは。よほど寝かしつけに手こずっているのか、それとも夜泣きがひどいのか。

外気に触れたり環境を変えると、ぐずる赤ちゃんもあっさり眠ってくれたりするので苦渋の選択なのだろう。

経験者ゆえに「お母さん、がんばれ」とエールを送りながら、その女性の横を走り抜けようとして、私は大きな違和感に気がついた。

赤ちゃんだと信じて疑わなかったその女性がおぶっていたそれは、赤ん坊ほどの小さな頭にもかかわらず、その胴体は異常に長く伸び、更には恐ろしく長い手足を地面にだらりと垂らした、異形の何かだった。

目の錯覚であって欲しいとサイドミラーで様子をうかがっていると、いきなりその何かがこちらにぐるりと顔を向けた。

——瞬間、私はアクセルを踏み込み、猛スピードで車を飛ばしその場から走り去った。

振り向いたその顔が、男のようにも女のようにも、若《も》しくは老人、いや毛むくじゃらの獣のようにも見えた気がしたが、はっきりとは断言できない。

とにかく「化け物！」と認識したとたん、肝を冷やし迷わず逃げ出したのだ。

あれから二度と、夜にあの道を走っていない。

お隣の番犬

加藤さんの隣に住む若夫婦が、犬を飼い始めた。

このワンちゃんが、とにかくよく吠える。キャンキャン、キャンキャン、朝から晩までひたすら吠える。夕方、隣家に誰かが在宅しているときはまだましなのだが、夜中や朝方にまでキャンキャンやられるので、加藤さんもさすがに閉口していた。

こっそり窓からのぞいてみると、自宅に面した隣家の窓ぎわで、ワンちゃんがキャンキャンこちらに向かって吠えている。これでは煩《うるさ》いワケだ。あいにく犬には詳しくないので、大きな耳とまんまるの目で吠え続けるその小型犬が、子犬なのか興奮しやすい犬種なのか分からなかったが、在宅で仕事をしている加藤さんにとっては、日々蓄積されるストレスとなっていた。

そんなある日、お隣の奥さんが加藤さんのお宅の呼び鈴を鳴らした。

「いつも騒がしくして申し訳ありません」と、菓子折りを手にして。

「お菓子よりも、お宅のワンちゃんをもう少し躾《しつ》けて頂ければ」と加藤さんは思ったが、お隣さんは若いのに礼儀正しく気のいいご夫婦だったので、波風立てるのもどうかと「あらあらお気づかいなく」と素直に手土産を受け取った。

すると若奥さんは、まだ何か言いたげに玄関先でもじもじしている。

「……あの、大変申し上げにくいんですが」

「はい？　なんでしょう」

「数日前からですね、我が家に主人のお母さんが泊まりにいらっしゃっているんですけど……、そのお義母さんが、実は『視《み》える』人でして」

「視える？」

「差し出がましいんですけど、加藤さん、一度氏神様か菩提寺さんに相談した方がいいんじゃないかって」

「はぁ？　それどういう意味ですか？」

若奥さんのお姑さんの話によると、加藤さんの家の周りに良からぬ類《たぐい》の『何か』が家の中に入り込もうとうろついているのだそうだ。お隣さんのワンちゃん（名前はモカちゃんと判明）も、その人には視えない『何か』を警戒して吠えているのではないかと。

「そんなバカな」とは笑い飛ばせない、思い当たることがいくつかあった。

駐車場に取りつけた防犯用のライトが、誰もいないのにいきなり点灯したり、すりガラスの玄関扉の向こうに人の気配を感じて、開けてみても無人だったり、ベランダに並べてあったサンダルが、強風が吹いたわけでもないのに、庭の木にぶら下がっていたり……。

加藤さんは理解した。

犬が吠えていた原因は、我が家にあったのか――と。

加藤さんのお宅の仏壇には、近隣の寺院から授与された破魔矢の御守護が供えてあった。家内に良くないことが起きた場合には、玄関に矢の先を外に向けてその御守護を祀るように言われていた。早速その日のうちに御守護を玄関に祀ると、お隣のモカちゃんは嘘のように静かになった。本当に、嘘のように。

実に立派な番犬だと、加藤さんは大層感心している。

道の先に

「逃げ水」が見えたのだと、角田さんは思った。

転勤先の地方都市で、角田さんは自動車通勤になった。アパートから営業所までの道のりは、田んぼや畑を抜けて二十分ほど。朝の通勤時でも行き交う車はほとんどなく、満員電車ですし詰めになっていた前任地に比べれば、快適すぎる通勤タイムだった。

会社から借り受けている軽自動車で走っていたある朝、角田さんはそれを見つけた。

ゆるやかな上り坂、伸びたアスファルトの地面の先に、水たまりが揺れている。ここ数日、雨は降っていない。そして、いくら車を走らせても、その水たまりとの距離は一定を保ったままだった。

(「逃げ水」か?)

　夏の暑い日に、路面上に熱せられた空気の層ができることによって生じるプリズム現象、蜃気楼の様なモノだと記憶していたが、季節はいま、ようやく春めいてきた三月である。こんな時期にも発生するものなのかと不思議に思ったが、坂道を登りきると水たまりはいつの間にか消えていたので、角田さんも最初は深く考えなかったという。

　二度目に「それ」を見たとき、小さな違和感を覚えた。「逃げ水」だと思っていたそれが、地面からぷっくりと盛り上がってゆらゆらと揺らいでいたからだ。

　三度目、四度目、目撃する回数が増えるごとに、その盛り上がりは徐々に大きくなっていった。透明だと思っていた色は黒味を帯びていき、影のように形を変えていく。そして次第に、

「なんだか、人の形みたいになってきたんですよね」

　そう、角田さんは回顧する。そして更に不気味だったのは、

「『それ』が見えると、ここがめちゃくちゃ苦しくなるんですよ」

　喉からみぞおちの部分をなぞるようにして、角田さんは言った。何かが胸につかえたように、激しい息苦しさに襲われる。けれど坂を登りきり影が消えると、痛みも嘘のように引くのだそうだ。

「中学生のころ、好奇心で遺体の写真が見られるサイトを覗いちゃったことがあって……」

車の先に現れる「それ」は、炭化した焼死体に似ている気がしたと、角田さんは眉をひそめた。

「そう考えると、息苦しくなったのもなんとなく分かる気がしませんか?」

確かに、火災の際の死因は、火傷よりも窒息死によるものが多いと聞く。

結局角田さんは、その「逃げ水」ならぬ「逃げ影」が怖くなり、それを目撃するのがなぜか決まって週明けの通勤時だったので、

「月曜の朝だけ、その道を通らないようにしました。三十分以上遠回りになるんですけど、やっぱり怖いから」

なぜ月曜日なのか、なぜその坂道なのか。さまざまな疑問は残ったが、角田さんは、

「次の異動で、本社に戻れそうなんです」

と、肩の荷を下ろしたようなすっきりした笑顔で、この話を締めた。

ついてきちゃった

「このあいだ友達と二人で、居酒屋に行ったんですけどね。お店に入って『いらっしゃいませー』って応対してくれた店員さんの女の子が、私たちを見て申し訳なさそうな顔をしてですね、『すみませーん。週末は団体さんはご予約じゃないと難しいんですよぉ』とか言うんですよ。こっちは二人なのに。思わず『えっ?』って言っちゃったら、店員さんも『えっ?』ってお互いに固まっちゃって。

そのあと店員さんはフツーに『あ、すみません、お二人様ですねー』って、カウンターへ案内してくれたんだけど、よせばいいのに私ったら彼女に『もしかして、私たち何かヤバいモン連れてきちゃってました?』って聞いちゃったんですよ。そしたら彼女、『あー、お客さんもしかして最近、海とか川とか行かれましたぁ?』って言うんです。ビンゴなんですよ。確かに私と友達、週末に河原でBBQをしたんですよ。それを店員さんに伝えたら、『なんか、気にいられてついてきちゃったみたいですねぇ』とか、迷子の子犬があとを追ってきたわけでもあるまいし、めちゃくちゃ軽いノリで言ってくるんですよ。

団体さんだって言うんだから、ひとりや二人じゃないんだろうなぁって、『ちなみに、何人くらい？』って、こっちも敢えて軽く尋ねたら、『あー、どうだろ、このくらい？』って、店員さん、手ぇ広げて五本指を見せてくるんですよ。

『五人かぁ。やっぱいなぁ』なんて友達と二人で強がって笑っていたら、店員さんってば『んー、まぁ、そう言うことにしときましょうか』とか、めっちゃ奥歯に何か挟まったような言い方をして、笑いながら行っちゃったんですよ。

そこからはもう『マジかよ、もしかして五十人かよ、多すぎだろ』って友達と二人でビビりまくっちゃって、しばらくは水場に絶対立ち寄らなかったし、近くで水音が聞こえたりすると、本気でビクーッってなったりしていましたね」

待ち合わせた喫茶店で、そんな話を聞かせてくれた後輩が、バイトがあるからと先に帰った席の後ろの床に、洗面器ほどの水たまりができていたが……、空調の水漏れということにしておくのが賢明であろう。

クリックひとつで

パソコンの普及、画像や動画編集ソフトの品質向上などに伴い、テレビやネットでいわゆる心霊写真や動画を見てもあまり恐怖感を覚えなくなった。

なんて話を、最近よく耳にする。

プロの手を借りなくともパソコンひとつあれば、いや、なんならスマホひとつでも、あれこれ簡単に写真や動画が加工できてしまう昨今。

「このくらいなら、サクッと作れちゃいそうだよなぁ」

どんな恐怖画像や映像を見ても、誰もがそんな風に〝ヤラセ〟を想像してしまうのも、無理もない話だとは思う。

「あのさぁ、ソレ逆に考えてみてくださいよ」

友人に誘われた飲み会の席、フリーのライターだと名乗った寺岡という男が、馴れ馴れしいのか丁寧なのかよく分からない口調で反論してきた。

イイ気分で酔っているのか、トロンとした目と赤ら顔で。どうやらその場の話題になっていた「最近の心霊系番組は、全く怖くない」談義に対してのご意見らしい。

「簡単に作れるってことは、簡単に消すことだってできちまうとは思いません？」

多くの現場でカメラマンも兼任しているという寺岡によれば、デジタル技術の進歩によって、万が一心霊写真や動画が撮れてしまった場合でも、最近はクリックひとつで簡単に、何事も無かったような普通の映像に修正できてしまうのだと言う。

「モデルの女の子の足にまとわりついていた赤ん坊とか、イケメン俳優の背中に張り付いていた女の上半身とか、色々消してきたなぁ」

楽しかった思い出話を語るように、寺岡は目を細める。

確かに素人でも、クリックひとつとはいかないが、トリミングにフィルター、エフェクト、様々なアプリを駆使して、画像の加工はそれなりに出来てしまう。プロの手に掛かれば、より完璧な仕事が可能なのだろう。

「写真スタジオを経営している男から頼まれて、ある小学校で、校庭に集まった全校生徒の集合写真を屋上から撮影した写真の修正を頼まれたこともあったなぁ。

笑顔いっぱいの小学生が集まった校庭の地面に、カメラを睨んだ巨大なガキの顔が、どーんと映り込んじゃっていてさぁ。イジメを苦にして自殺しちゃった子の顔だって、あとから教師が言ってきたってさ。

そんな写真だって、半日ほど掛けりゃあフツーの集合写真に早変わりだよ。レイヤー重ねたり、色調補正したりしてね。卒業文集に載せる写真だったみたいだけど……、笑えますよねえ？　生徒たちはなぁんも知らないまま、その写真を思い出の写真としてずっと大切にし続けるんだから。

いくら写真から見えちゃヤバい物を消したって、自殺した子の恨みは生涯消えることはないのにねぇ」

じっとりとした重苦しい空気が、寺岡の話を聞いていた全員を覆い尽くしていく。

「要するに、怪異なんてもんはいつでも身近にあるってことですよ。ねぇ」

なぜだか寺岡は、私だけに向かって締めのセリフを吐いた。


やめてよ。

なんでそんな目をして、こっちを見るの？
私の右肩を、どうしてじっと見ているの？
確かめてしまったら、きっと今夜の酒は不味くなる。
何事もなかったように、私はその夜の記憶を上書きした。

赤い靴

玄関に赤い靴があった。

ちょっとくたびれた子供用のスニーカー。外から帰ってきて、家の中に駆け込んだかのように、玄関の三和土《たたき》に乱雑に脱ぎ捨てられている赤い靴。

自宅には誰もいなかった。

家族も、靴の主であろう子供も。

留守中に勝手に上がり込んでくるような、小さい子の親戚も知り合いもいない。第一、玄関はしっかり施錠してあった。

日が暮れて帰宅した高校生の息子と主人に、赤い靴の心当たりを聞いてみたが二人とも首を傾げるばかり。

イタズラしてどこからか靴をくわえてくるような、犬も猫も我が家にはいない。捨てるに捨てられず、靴箱の隅に赤い靴をしまっておいた。
日々の忙しさに、その存在をすっかり忘れていた数ヶ月後、ふと靴箱を見ると、赤い靴は忽然と消えていた。

我が家の玄関に赤い靴があった。
そして消えた。
それだけのことだけれど、今でも思い出すと胸がざわつくのだ。

案山子《かかし》のはなし

北関東の米どころで、生まれ育った山路《やまじ》君。彼の地元には、奇妙な言い伝えがあった。

曰く、

「とある田んぼの案山子《かかし》と、十秒以上目を合わせてはならない」

その案山子は広大な田んぼの中に立てられており、毎年秋になると新調される。ほぼ等身大の大きさで大人の衣服をまとった姿は妙な威圧感があり、

「目を合わせるどころか視界に入るのも怖くって、子どものころは早足で前を通り過ぎていました」

そう、山路君は語る。

「だいたい案山子の顔に、目なんて描かれていないんですよ。のっぺらぼう。なのにその

前を通る時は、なんかイヤぁな視線を感じて……。中に人間の死体でも入っているんじゃないかって、噂が立ったこともあるんです」

そんな折り、山路君の同級生のガキ大将・サトシ君が調子に乗って、

「俺が挑戦してやるよ」

と、案山子にガンを飛ばしに行くという暴挙に出た。「たっぷり三十秒、舐めるように睨んでやった」と自慢げに言うサトシ君が、どんな目にあったかというと——

「夜中に家から姿が消えて、行方不明になったんです。両親が必死になって探したら、その案山子がいる田んぼで口を血だらけにして気が抜けたように立ちつくしているところを発見されて」

サトシ君の両手には、事切れた雀《すずめ》が握られていたという。

「それが毎晩続いたんです」

どんなに見張りを立てておいても、サトシ君は家から抜け出し田んぼで雀を捕まえ、嬉々として噛み殺していた。そして、朝になるとその記憶はなくなっていた。

しかし不思議なことに、七日目の夜からは何も起こらなくなった。

一週間=七日。「七《なな》」という数字には、霊的なモノがあると聞いた。初七日、四十九日

などは七の倍数だし、七福神、七人ミサキなども思い浮かぶ。

「案山子の呪いは、一週間だったんですかね」

そうかもしれない。しかし気になるのは、そんな不思議な力を持つ案山子が護る田んぼで収穫された「米」の行方である。不気味だと敬遠されるのではないだろうか。

「それが、市場には出回らないらしいんですよ。高額で買い取ってくれる、代々続く顧客がいるとかで」

彼等が大金を積んで手に入れる「米」には、いったいどんな「力」が秘められているのか。

なんとも後味の悪い話である。

バスを停めるな

その日私は、都心から二時間ほど電車に揺られて、ローカル線のとある駅に降り立った。食品関連の業界新聞記者として、若い人たちが中心となって珍しい西洋野菜やハーブを生産しているという農園を取材するのが目的だった。

農園までは駅からバスで約五十分。一時間に一本しか出ていない上に、繁忙期で迎えに行くことができないと農園の代表者に電話口で詫びられたが、田舎道を旅行気分で行くのも悪くないと、電車の到着時間に合わせて乗客を待っていた古びたバスに乗り込んだ。

数人いた乗客が次々と下車していき、三十分ほど走ると私ひとりになった。車窓の風景も、商店街から住宅地、そして一面の田畑に変わっていく。渋滞も信号もない、田舎の一本道。行き交う車もほとんどない。

（のどかだなぁ。こんなところで暮らせたら、健康にはいいだろうなぁ）

そんなことを思っていると、

「お客さぁん、すみません。ちょっと止まりますすねぇ」

運転手さんが声を張る。乗客は私だけなのだから、きっと私に言っているのだろう。どうしたのかと前方を見ると、路肩に畑仕事を終えたらしき大きな荷物を背負ったおばあさんが、バスに向かって手を挙げている。

「はい、お世話になります。いつもすみませんねぇ」

バスが停車して開いた扉から、おばあさんはニコニコしながら乗り込んできた。

「ヤスケさんところでいいんけ」

「はいはい。お願いします」

どうやら常連さんのようである。手を挙げて止めて、目的地まで運んでくれるなんて、まるでバスというよりタクシーだ。

その後も二回ほど、「止まりまぁす」と、バス停ではない場所でバスは停車し、二人のおばあさんが乗車してきた。三人とも顔見知りらしく、ニコニコと挨拶を交わしている。

「ごめんなさいねぇ、お急ぎだったんじゃない？」

最後に乗って来たおばあさんに、声を掛けられた。

「いえ、時間に余裕を持って出て来ているので大丈夫です」

バス停がなくても乗りたい客がいれば停車して、降りたい場所で降ろしてあげる。そんな暗黙のルールがこの地域ではあるのだろう。郷に入っては郷に従え。よそ者の私が目くじらを立てることではない。規則に縛られて融通が利かないよりは、地元の人にとってはよほどありがたいはずだし、これも田舎ならではの良さなのだろう。

訛りがきつくてほとんど理解不能のおばあさんたちの会話をＢＧＭに、そんなことを考えながらふと窓の外を見やると――

遥か先の道端に、和装の喪服姿の女性が立っているのが目に入った。小さな石の祠の前で、バスに向かって片手を挙げている。

なのに、当然停まってあげるのだろうと思っていたバスは、スピードを緩めるどころかむしろ加速して、女の人の前を通り過ぎていく。

「あれ？　停まってあげないんですか？」

バスの後方の窓の向こう、喪服姿の女性はバスを追うことも無く、感情の見えない表情でじっとこちらを見つめている。

「……『アレ』は、乗せちゃなんねぇんですよ」

「え？」

低く呟いた運転手さんの言葉に息を呑んだ。

「んだ、乗せられねぇんだ。可哀想だけどな」

そう言って三人のおばあさんたちは、手を合わせて必死に何やら唱え始めた。さっきまでの陽気な様子は微塵もなく。

「……あの女の人は、一体なんなんですか？」

私の問いに、車内はしばし沈黙する。

「……お客さん、古い土地には都会の人には分からない、深ぁい『業《ごう》』ってヤツがあるんですよ」

運転手さんの言葉に含まれた重さに、もう何も言えなくなった。

前言撤回。

田舎は怖い。

もう一度後ろを振り返ると、女の人の姿はどんどん小さくなって、もはや黒い点となり、やがてそれも消えていった。

いまだから話すけど

年の瀬に里帰りをした森野さんは、誘われて地元の仲間の飲み会へ顔を出した。同級生だけでなく後輩や先輩の親しかった顔ぶれも集まり、賑やかに鍋など囲みながら、懐かしい話に花を咲かせた。森野さんはそこで、皆で出掛けた夏休みのキャンプの思い出を話題にした。

それは、地域の子ども会の恒例行事で、小学生だった森野さんが近県のキャンプ場に泊まりがけで出かけた際のこと。

参加した子どもたちは、三、四人ずつのグループになって、テントで夜を過ごしたのだが、

「あのとき、クマが出て大騒ぎになったよな」

そう森野さんが切り出すと、

「おぉ、俺は爆睡していて全く気づかなかったけどな」

同じテントに寝泊まりしていた同級生のシンジ君も、懐かしそうに会話に加わった。

キャンプの夜、眠っていた森野さんは何かの物音で目を覚まし、辺りを見回してギョッとした。

テントの向こうに大きな黒い影があり、ユサユサとテントを揺らしていたからだ。

キャンプ場に着いたときのオリエンテーションで、

「この辺りは、クマが出ることもあるから、充分注意すること」

と、指導者から念を押されたことを森野さんは思い出した。

(クマだ！　怖い。食べられる！)

凍り付いた森野さんは、ぎゅっと目をつぶって、一秒でも早く、クマがこの場から立ち去ってくれることを祈った。息を殺して、寝袋の中に縮こまっているうちに、日中の遊びの疲れからか森野さんはいつの間にか、再び眠りに落ちていた。

そのまま、クマも諦めてどこかに行ってしまったのだろうか。気がつけば何ごともなく、森野さんは無事に朝を迎えた。

「昨日の夜、俺たちのテントにクマが出たんだよ」

森野さんの報告に、子どもたちはどよめき、大人たちは青ざめた。


「いやぁ、でもあのときは、怪我人とか出なくてホント良かったよなぁ」

森野さんとシンジ君がそう言って笑い合っていると、

「……あのさ、もう時効だから話すけど」

少し離れた席で呑んでいた先輩のひとりが、森野さんたちの話に入ってきた。

「あの夜、俺と仲間の三人でさ、肝試ししようぜって、夜中にテントを抜け出したんだよ。そんでおまえたちを脅かしてやろうって、テントの近くまで行ったらさ、テントの周りを、なんか雪ダルマっつぅか、あのバケモン退治する映画に出てきた『マシュマロマン』っていうか、白い着ぐるみのゆるキャラみたいなのがウロウロ歩いていたんだよ。

『起きないなぁ、起きないなぁ』とか言いながら。

どこの物好きが、夏場に着ぐるみ来てうろついているんだって、中身が誰なのか確認しようと近づいたらさ。……そいつ、着ぐるみを着ていたワケじゃなかったんだよね。

ぶっくぶくに身体が白く膨れあがって、ブヨブヨになっているガキだったんだよ。髪の毛なんてほとんど抜けちゃっててさ、二の腕とか柔らかそうなところがグズグズになって骨とか見えてんの。身体中から水が滴っていてさ。

そいつが、『起きないなぁー、起きないなぁー』なんて言いながら、おまえたちのテントをゆっさゆっさ揺らしてたんだよ。

あそこのキャンプ場に流れていた川の上流ってさ、結構流れが速くって、水の事故がときどき起きているって聞いていたからさ。もうコレ絶対ヤバい奴だって、みんなでダッシュで逃げたんだけど……。

朝起きたら『クマ』が出たって騒いでいるから、何となく言い出せなくって、結局そのまんまになっちまったんだよなぁ」

突然の先輩の告白に、森野さんもシンジ君も返す言葉もなく、飲み会の場も水を打ったように静まり返った。

「クマはあんなに白くないし、第一しゃべらねぇよな」

場の空気を察してか、先輩は砕けた口調でそう言ったが、誰もが薄く苦笑うだけだった。

キャンプ場での夜が明けて、先輩とその仲間がもう一度森野君たちのテントを調べに行くと、森野君たちのテントだけがなぜかびっしょりと濡れ、泥で汚れた小さな手形がテントの表面に幾つも残されていたそうだ。

「人間ってのは、あんなにも膨らむもんなんだなぁ」

テーブルの上で、くつくつと煮える鍋の中の真っ白な「はんぺん」を箸でつつきながら、先輩が呟いた。

森野さんは苦手だった「はんぺん」が、ますます嫌いになったという。

アトスコシ

萌香さんは、ショートカットの金髪がお似合いのお洒落な女子大生。旅行先での体験談を、聞かせてくれた。

「友達の真沙美と、温泉旅行に行ったんですけれど」

到着した予約済みの宿は、ネットに掲載されていた小奇麗な画像とは随分と違っていて、古くて寂れた印象を受けたという。

「案内された部屋も薄暗いし黴っぽくて、最初はがっかりしたんですけれど、温泉と地元のお野菜をふんだんに使った料理は最高で、二人とも満足して寝床についたんです」

深い眠りに入っていた萌香さんは、真夜中に目を覚ました。隣で眠っている真沙美さんが、何やら寝言を呟いているのが聞こえてきたからだ。

「ななじゅうさぁん、ななじゅうしぃ、ななじゅうごぉ……」

どうやら数を数えているようだった。いったい何の夢を見ているんだかと、萌香さんは寝返りを打って真沙美さんの方へ身体を向けた。すると

(な、なに⁉)

恐ろしい光景が、目に飛び込んできた。

真沙美さんの身体の上に髪の長い女が馬乗りになって、数字を数えながら、真沙美さんの頭から髪の毛を一本一本ぷちぷちと抜いているのだ。

青白くやつれた顔に目だけギラギラと光らせた女は、病院の検査服のような物を着ていて、そこから伸びた手足は枯れ果てた枝のようにガリガリだった。どう見ても、この宿の宿泊客とは思えない。

「はちじゅういちぃ、はちじゅうにぃ、はちじゅうさぁん……」

あんな風に乗られていたら重いだろうに、あんな風に髪を抜かれていたら痛いだろうに、真沙美さんは薬でも飲まされたかのようにぐっすりと眠っている。

(真沙美、起きて! 起きて‼)

声を上げて叫ぼうとするが、寝返りを打ってからの萌香さんは声ひとつ出せず、指先さえ動かせず、金縛りの状態になっていた。

「はちじゅうきゅうぅ、きゅうじゅうぅ、……アトスコシ、……アトスコシ」

女の左手には、抜かれた真沙美さんの髪の毛が束になって握られている。女の頭はところどころ火傷《やけど》のような跡があり、まばらに生えた髪の毛が痛々しい。

「そのころ、私は今と同じくらいの茶髪のショートだったんですけど、真沙美は一度もパーマもカラーもしたことのないバージンヘアーのロングで。だから、もしかしてこいつは真沙美の綺麗な黒髪を狙っているのではって思ったんです」


「きゅうじゅうしちぃ、きゅうじゅうはちぃ、……アトスコシ、アトスコシ」

「あと少し」とは一体何のことなのか、それが達成してしまったら真沙美さんはどうなってしまうのか、萌香さんはあらん限りの力を込めてもう一度叫んだ。

「やめてぇぇぇぇぇぇぇ」

なんとか振り絞った声が部屋中を震わすと、女が萌香さんをギロリと睨んだ。

「……アトスコシダッタノニ……」

憤怒の形相で、萌香さんに向かって飛びかかって来る。

「……アトスコシダッタノニィイイイイイイ」

逃げ出すことの出来なかった萌香さんの口に、女は手に握っていた真沙美さんから抜いた髪の毛の束を、ぐいぐいとねじこんでくる。そのせいで呼吸困難になった萌香さんは、そのまま気を失ってしまった。

「萌香、萌香、大丈夫？」

真沙美さんに揺り起こされて、次に萌香さんが気づくと、既に朝になっていた。

「んがっ。……え？　私どうして？」

萌香さんはなぜか、旅館のタオルを口に詰め込んだ姿で眠っていたのだ。

「やだ萌香、寝ぼけていたの？」

そう言って笑う真沙美さんは、まったくいつも通りで、昨夜のことは「夢だったのでは？」と、一瞬萌香さんは思ったが、口の中には女に無理やりねじ込まれた髪の毛の感触が、いつまでも薄気味悪く残っていたという。

「それ以来、金髪に染めているんです。黒くしていると、あいつが来るような気がして」

もうすぐ就活が始まるので、そろそろ黒くしなくてはいけないのが、萌香さんの目下の悩みだそうだ。

夜もすがら

「今夜は朝まで騒ごうぜ」

修学旅行の夜。当時、中学二年生だった高田君は張り切っていた。

宿泊先の旅館で割り当てられたのは、六人部屋の和室。布団を六枚並べると足の踏み場もなかったが、部屋割りされたメンバーは全員が仲のいい連中だったので、彼らと一夜を過ごせることが楽しみで、部屋の狭さなどは全く気にならなかった。

トランプやカードゲームで盛り上がり、それに飽きたら布団の上にみんなで車座になって、尽きぬ話に花を咲かせた。笑える話、くだらない話、Hな話。しかし誰かが「怖い話をしようぜ」と言い出して怪談話がはじまると、高田君は疲れた風を装って狸寝入りをすることにした。怖い話が、苦手だったのである。

「なんだよ、高田。寝ちゃったのかよ」

そんな声も聞こえてきたが、布団を被って気づかないふりをした。きっとしばらくたてば、階段語りにも飽きて違う話題に移るだろう。そうしたらまた話の輪に戻ればいい。そう考えていた高田君だったが、日中の観光名所めぐりの疲れもあったのか、結局そのまましっかりと深い眠りについてしまった。

どのくらい時間が経ったのだろうか。気が付くと部屋の明かりは落とされ、小さな豆電球だけが灯されていた。やはり皆も眠ってしまったのかと、部屋の端に敷かれた布団にくるまっていた高田君が顔を上げると、薄暗がりに他の五人がまだ座っている姿が目に入った。部屋を暗くしているのは、先生が見回りに来たときの対策だろうか。まだみんなが起きているのなら、自分も話に加わりたい。そう思った高田君は、「おーい、今なんの話してんの?」と、布団の中から話し掛けた。でも、誰も何も返してはくれない。みな無言のまま、座り続けている。

「おいってば」

再び声を掛けるが、五人とも無反応のまま言葉を発することもなく、薄気味の悪い沈黙が辺りを包んでいる。高田君は考えた。もしかして、皆で示し合わせて、自分を怖がらせようとでもしているのではないかと。

「なぁ！　無視すんなよ！」

内心の怯えを隠すように、声を荒らげる。暗がりに目が慣れてきたのか、目が覚めた直後より視界がはっきりとしてきた。

（……え？）

目の前の光景に覚えた違和感の理由を確かめるために、高田君は布団から身体を起こして目をこらした。

（……な、なんだあれ？）

友人たちは座ってなどいなかった。五人とも布団に入って、すやすやと眠っていたのだ。

座っているかに見えた友人たちは、眠っている彼らの身体からまるで分身の術のように、半身を起こして浮かびあがっている怪しげな姿だったのだ。

（ゆ、幽体離脱？）

そんな言葉が浮かんだが、その様な特殊な現象が、五人同時に起きるなんてことがあるのだろうか。声を上げて全員を起こした方がいいのか、このまま放置してもいいのか、高田君が戸惑っていると、静まり返っていた部屋に、

「あー、あー、あー」

小さく唱えられる低い声が、繰り返し聞こえ始めた。

「あー、あー、あー」

それは、起き上がった分身の五人の口から発せられていた。読経のように重なる声。でもどの声も、友だちの声とは似ても似つかない薄気味の悪い声だった。

「あー、あー、あー、あーー」

「やめてくれ！　やめてくれよぅ！」

高田君の恐怖を煽るように、声は段々と大きくなっていく。これ以上耳にしていると狂ってしまうと、高田君は布団を頭から被りひたすら祈った。

早く、夜が明けてくれと——


「あーあ、よく寝た」

「結局、朝までは粘れなかったな」

「最後まで起きていたの誰だよ？　たっつん？　それとも濱田？」

「腹減ったなぁ。おい高田、起きろよ。メシ行こうぜ」

にぎやかな声で、高田君は目を覚ました。窓から溢れる朝の日差しで、部屋はすっかり明るくなっていた。

「……お、おはよう」

「おはようじゃねぇよ。昨日は真っ先に寝やがったくせに、起きるのは最後かよ。寝すぎだろ。パンダかよ」

いつもと変わらない五人の友人たちがいた。ほっと胸をなで下ろす。昨夜の出来事で、仲間たちが何かに乗り移られでもしていたらどうしようかと思っていたからだ。

でも……。

ワイワイと朝の身支度をしながら、高田君は気が付いた。みんなの吐き出す息が、なぜか異様なほどに生臭いことに。

昨夜の幽体離脱や謎の合唱に何か関係があるのか否かは定かではないが、友だち五人の吐く息の臭さは数日間続き、不思議なことにその悪臭は高田君にしか分からなかったという。

高田君が修学旅行で訪れた、京都での夜の出来事である。

わたしです

聡美さんが、家族旅行で北関東の温泉地に宿泊したときの話だ。

幼かった息子二人も小学生になり、男風呂に入るようになったので、慌ただしかった入浴時間が嘘のように、ゆったりと温泉を堪能できるようになった聡美さん。その夜も、既に眠りについた息子たちをご主人に任せ、日付が変わる前にもうひとつ風呂浴びようと、ひとり大浴場へと向かった。週末と言えど、まだ紅葉シーズンには早い時期だからか、宿自体もそれほど混雑していなかったし、女湯の脱衣所は時間が遅いせいもあったのか人影がなかった。

（貸し切り状態だったりして）

期待して浴場に入ると、夕食前に入ったときには賑わっていた洗い場には、二人連れの女性客がいるだけだった。若い女性の口から発せられる「お母さん」という言葉と、それ

に反応する年嵩の女性の様子から見て、二人は母娘《おやこ》であろうと想像が出来た。かけ湯をしながら、

（娘がいたら、いつかはあんな風に一緒に背中を流しあったりできたのかも）

と、彼女たちの様子を、聡美さんは少々羨ましく感じた。

夜風が心地いいだろうと、ライトアップされた露天風呂へと向かった。岩造りの湯場の入り口付近には、ひとつの先客の影があった。痩せぎすの背中と肌のたるみから見て年配の女性と思われたが、こちらに背を向けているので顔はよく分からない。聡美さんは、先客からは距離を取るのがマナーだろうと露天の奥に進み、そこから湯船に浸かった。

すると、内風呂に続くガラス戸ががらからと音を立てて開いた。落ち着ける空間を演出しようとしているのか、照明が随分と暗くてはっきりとは見えなかったが、もうひとり、女性客が入ってきたようだった。先客の女性にしてみても、自分同様ひとりで浴場にいるのはどういった旅行客なのだろうと、聡美さんは考える。恋人と来ているのか、家族で女性が自分だけなのか、それともひとり旅なのだろうか。

新たな女性客は、聡美さんの近くまで来てそこから湯船に足を入れた。近くで見ると、こちらは若い女性客だった。女性はお湯の吹き出し口近くに行こうとしたのだろうか、聡

美さんの前を横切って露天風呂の奥に位置する吹き出し口のある岩場へと進んだ。

と、伸ばしていた足を引っ込めるタイミングが遅くなり、湯船の中を進んでいた女性のつま先と聡美さんの足の指先が触れた。無理もない。露天風呂の灯りは暗いうえに、ここのお湯は白濁したにごり湯だったため、湯の中の自分の足先はまったく見えなかったのだから。

「あ、すみません」

「いえ、こちらこそ」

短い言葉を交わしただけで会話は終わり、露天風呂には再び、お湯が湧き出る音と秋の到来を告げるような虫の声だけが響いた。

(少し、のぼせてきたかも)

聡美さんは辺りを見回して、腰掛けるのに丁度よさげな岩場を探した。座って足湯ができるくらいの、高さと快適さを備えた岩場を。吹き出し口の近くで湯に浸かる若い女性の手前に、手ごろな平らな石を見つけ、聡美さんはいったん立ち上がりその岩に向かって歩き始めた。何しろ足元が見えないので、そろりそろりと足先で風呂の底を確かめるようにして進むと、

「あ、ごめんなさい」

今度は聡美さんが女性の足先に触れてしまい、詫びの言葉を口にした。

「え?」

聡美さんが声を掛けた吹き出し口の近くの女性が、不思議そうな声を出した。てっきり彼女の足だと思ったのに、どうやらそうではなかったらしい。確かに彼女の位置と姿勢から考えると、聡美さんの足元まで足先が伸びているとしたらなかなかにきつい体勢だ。でも——

触れたのは、柔らかな人肌だった。一瞬だったけれど、それは間違いないはずだ。風呂底の小石とかではない。なぜならそれは、聡美さんの足先が触れた際、瞬時に移動したからだ。生きた、何かだ。そのとき、

「ごぉめんなさぁい」

ずいぶんと間延びしたねっとりとした声が、耳に届いた。

「わたしでぇす」

露天風呂の反対端にいる年配の女性が、聡美さんに向かって声を掛けていた。

今、ぶつかったのが自分だと言っているのだろうか。だとしたらいったいどんなジョー

クだ？　聡美さんと女性との距離は、ゆうに三メートル以上あるというのに。

ざざあっと水音を立てて、その女性が立ち上がったかと思うと、湯の中から現れた上半身は異様なまでに長く、あれよあれよと天に向かって伸びていく。そして、呆気に取られている聡美さんにくるりと背を向けると、びたんと腹ばいになってするすると露天風呂の茂みの闇に消えていった。今見たものは、いったい何だったんだ？　聡美さんは背後にいる若い女性を振り返り、視線で確認を求めた。貴女も、見たわよね？　と。

だが若い女性客は、肩までゆったり湯に浸かりながら、硫黄の香りを楽しむかのように気持ちよさそうに目をつぶっている。彼女は、あの女の声も姿も、見聞きしていなかったのだろうか。それともあれは、温泉にのぼせたせいで自分だけに見えた、幻だったのか。

若い女性が湯から上がり、建物の中に戻ろうとするところを、慌てて聡美さんも一緒に後を追った。薄暗い露天風呂にひとり残されて、また何かとんでもないものに遭遇しては堪らないとばかりに。

露天風呂の茂みの暗がりに目をやると、消えていった女の大蛇の尻尾のような後ろ姿が、残像として蘇ってくるようで、聡美さんは逃げるようにして露天風呂を後にした。

「もしかしてこの辺りには、蛇に纏わる伝説か何かあったりしますか？」

翌日、聡美さんはチェックアウトの際に、ひと晩中まんじりともせず気にかかっていた疑問を、フロントの従業員に尋ねてみたが、

「いえ、特には……」

と、怪訝そうな顔をされただけだった。

屋根を叩く音

「ウチの両親、親父が定年になってから田舎暮らしを始めましてね」

そう前置きをして、横部《よこべ》君はこんな不思議な話をしてくれた。

横部君のご両親は、ご主人の定年退職を機に東京の自宅を売却し、北関東のはずれに古民家を購入し移り住んだ。いわゆる野中の一軒家で、ご近所さんとは数キロほど離れていたり買い物できるスーパーも遠かったりと、色々不便もあったのだが、豊かな自然と静かな環境をいたく気に入ったご両親は、新天地で夫婦二人仲良く暮らし始めた。

異変を感じたのは、引っ越しして数日経ったころからだった。夜になると、ご両親は『何かが屋根を叩く音』を耳にするようになる。最初は「ネズミかな?」とも思ったが、天井裏を駆けるあの小動物特有の音とは違って、

「トントン、トントン」

と、まるで誰かがノックをしているかのような音だった。屋根裏をのぞいてみるが、静かなものでなんの気配も感じられない。家の外から屋根を見上げてみても、家の裏手は竹林になっていて視界が遮られて、入母屋《いりもや》造りの屋根の全貌はよく見えない。

しばらく放っておくと、

「ドンドンドンドン！　ドンドンドンドン！」

と、壊れんばかりに激しく叩かれたり、飼い犬が屋根に向かって吠えまくったりなど、奇妙な出来事が続いた。

「もしかすると、屋根の上に何か住みついているのではないだろうか」

ある日、横部君にお父さんから相談の電話があった。ご両親の家には梯子《はしご》もなかったし、頼れるご近所さんもまだいなかったので、横部君に来て屋根の上の様子を見て欲しいと言うのだ。妙な音のせいで、健康だけが取り柄だったお母さんが体調を崩して寝込んでしまったという話も聞き、心配した横部君は週末にご両親の家を訪ねる約束をした。

週末まで日にちがあったので、横部君は取り敢えずご両親の家を、インターネットの地図サービスで見てみることにした。衛星写真で撮影された両親の家を拡大して見ていくと、横部君は目を疑うような物を見つけてしまう。

それは、ご両親の家の屋根にうつぶせで倒れている、人のような姿。

横部君はすぐにご両親に電話をして警察でも消防署でもいいから人を呼んで、屋根の上を調べてもらうようにと連絡する。しかし、駐在所の警官が屋根に登って調べてくれたが、そこにはなんの異常もなかったという。

「確かにその日、画像で見たときは人が倒れていたんです。オレンジのジャケットにカーキのパンツとリュックサック。登山用の装備を身につけているような男の姿が」

両親から「屋根に異常はなかった」という連絡をもらって、もう一度両親の家の画像を確認すると、不思議なことに男の姿は地図から消えていた。

週末、両親の元を訪ねた横部君が、駐在所にお礼を言いに行き、ネットで見た倒れていた男の話をすると、

「うーん、それってもしかして」

話を聞いていた警官が、一枚のポスターを横部君に見せてきた。それは七年も前に、そこから数十キロ離れた山で行方不明となっていた登山客の、捜索協力を依頼するものだった。その登山客の行方が分からなくなったときに着ていた服装が、オレンジ色のジャケットとカーキ色のパンツとリュックであったと、そこには記されていた。

「その男が助けを求めて、屋根を叩いていたってこと？」

私の問いに、

「両親の家をリノベーションしたのは去年の話ですよ？　改装工事のときにはなんの異変もなかった。それに七年も前にいなくなった人が、なんで今ごろ数十キロも離れた両親の家の屋根に現れたんですか？」

横部君は気味悪そうに答えた。

あとから聞いた話では、男性が行方不明になった山には、古くから『天狗』に関する言い伝えが残っているのだという。天狗の怒りに触れてしまった男性が、命を奪われ飛ばされてしまったのか、若しくは山でひとり遭難し息絶えた男性を、天狗が哀れに思って人家へ送り届けてくれたのか。

そして今、男はどこにいるのか。

それ以来、天井から聞こえてきた異音は、ぴたりと止まった。

人の良い横部君のご両親は「我々が気付いてあげたことで、きっと成仏できたのだろう」と、遠くにそびえるその山を『天狗様の山』と呼んで、日々拝んでいるのだそうだ。

通行禁止

友人である佐々木君の、大学時代の話だ。

上京したてのころ、佐々木君は大学とアパートの中間あたりの街で、宅配ピザのバイトを始めた。入店時、バイトの先輩から諸注意をたまわっている際、店の壁に張られた近隣の地図の一ヶ所に、赤いバツ印が書かれているのが目にとまった。クレームが多い配達先か何かかと思ったら、印の箇所には特に建物も何もなく、一本の細い道があるだけだった。

「この道は、工事中なんですか?」

通行止めのマークかしらと、先輩バイトに確認をとる。

「んー、まぁそんな感じ。そこは通るなよ。特に、配達に行く時は絶対な」

しっくりこない回答だったが、その時はさほど佐々木君も気にはしていなかった。

それはバイトを始めて数ヶ月後、暑い夏の日のことだった。

佐々木君が新規のお客さんの住所を地図で確認していたところ、その場所は例の赤いバツ印の近くであった。出来たてのピザをバイクのボックスに収め、店を出た際には「バツ印の道は避けていかなきゃ」と思っていたが、いざ近くを走ってみると、件《くだん》の道は特に工事中の様子も通行止めの気配も見られなかった。

（ここ、普通に通れるんじゃないか？）

この道を使った方が、配達は断然早く済む。むせ返るような暑さが、佐々木君の決心を後押しした。

道は何の変哲もない、車二台がギリギリすれ違えるくらいの、普通の裏道だった。工事が休止中という感じでもない。既に工事が終わっているのだとしたら、店の地図のバツ印は消した方がいいのではないか。

そんな事を考えながら走っていると、いきなり「ぷす　ぷすぷす　ぷす」と、イヤな音を立てて、バイクがエンストしてしまった。ガソリンもエンジンオイルもチェックしたばかりなのになぜ？　と、何度かエンジンをかけ直してみるが、バイクはうんともすんとも言わない。

結局配達の時間はとっくに過ぎてしまい、バイクを押して店に戻る羽目になった。

「あの道は通っちゃダメって、注意を受けたよね？」

「……はい。でも通行止めされてなかったから、通れるかなと思って」

「そういうの関係なく、あそこはもう通らないで」

苦い顔の店長に、念を押された。

「次はエンストじゃ、済まないかもしれないからね」

何かを含んだ店長の物言いが、やけに耳に残った。

翌日になると、バイクはなんの問題もなく普通に走れたことも、佐々木君には謎だった。


後日、サークルの飲み会の席で、佐々木君は「ちょっと奇妙な話」として「地図にバツ印のついた道」の話を披露した。すると先輩の中谷さんが、

「その話、俺も知ってる」

と、真顔で言いだした。中谷さんは、同じくその街の中華屋で、配達や皿洗いのアルバイトをしていた青年である。

「近所の蕎麦屋とか弁当屋でも話題になってるよ。あの道は配達の時に通っちゃダメだって。とにかく飲食系の車両が妙な目に遭うらしい。バイクで怪我したり、車で事故起こし

たり。もっと奇妙なのは、配達中の食べモンが、何もしていないのにグチャグチャになっていたりとか、カビだらけになっていたりしたこともあったんだって。中華屋のおばちゃんは言ってるよ。『あの道は呪われているんだ』って」

呪われている？　いったい何に？

人身事故でも起こした、飲食系の車両への報復だろうか？　それとも、食べ物自体に恨みを持つモノの仕業だろうか？

どちらにしても『見えない何か』の力が働いていると思うと、多少なりともぞっとした。

その後、佐々木君は興味本位で、徒歩でその道をコンビニ弁当をぶら提げて歩いてみたが、何ひとつ問題なく通ることが出来た。

が、道端にひっそりと建っていた小さな古い祠《ほこら》が、なぜかやたら気になったと言う。

泣く女

食品関連の企業に、勤めていたころの話だ。

取引先の高齢の会長が老衰で亡くなり、しばらくして社葬の案内が自社に届いた。参列を予定していた上司が、前夜に盲腸で緊急入院してしまうという予想外の事態が起き、急きょ平社員の私が出向くことになった。

会社で喪服に着替え、指定の葬儀所に向かう。大手食品会社の社葬だけあって、式場の周囲には大量の花輪が並び、焼香の順番を待つ弔問客の列は建物の外にまで延び、社会人になりたての私には初めて見るような光景で、しばし圧倒された。

記帳を済ませ喪服の人々に続いてようやく入った会場は、千人は収容可能かと思えるほどの広さで、改めてその規模の大きさに驚かされた。式場の正面には、会長の好きな色だったのだろうか、青と白を基調にした生花で飾られた立派な祭壇があり、その中央には、これまた立派な額に納められた会長の巨大な遺影が掲げられている。年齢の割には豊かな頭髪、太いまゆ毛にまん丸の目、そしてきりりと結ばれた口元は「かつらを被った西郷どん」のような印象を受けた。

亡くなった会長と私は、面識があったどころか、遺影で初めて顔を知ったという、そんな間柄だった。なのになぜだろう？　不思議なことに、会長の遺影を見たとたん、私の両目からいきなり涙がぽろぽろと流れだしたのだ。

（哀しい。辛い。どうして死んでしまったの？　なんで？　なんで私を遺して逝ってしまったの？　イヤだ、イヤだ。哀しい、哀しい）

そんな想いがぐるぐると頭の中をめぐり、あふれる嗚咽を止めることができない。しかしその一方では、脳内で冷静な自分が、

（は？　なんで私、こんなに号泣してんの？　亡くなったのは、全く付き合いのないお爺ちゃんだよ？　どうしちゃったの？）

と、自分自身に問い掛けている。

いったい自分の中で何が起きているのか、わけの分からないまま、おいおいと感情に任せて泣き続ける私。

焼香の列は次第に進んでいき、会社のお偉いさんや親族の方々が座っているすぐ近くまで来た。拭っても拭っても大粒の涙があふれ、既にハンカチはぐしょぐしょで、鼻水まで流している私に、周囲の人たちも若干引き気味なのが手に取るように分かる。

無理もない。若い娘が葬儀の場で、ひとりで肩を震わせてこんな風に慟哭していたら、「もしや故人の愛人では？」などと勘ぐる人がいないとは限らない。私としても「西郷どんにそんな濡れ衣をかけては申し訳ない」と、必死で冷静になろうとするのだが、

（哀しい。哀しい。哀しい。哀しい。哀しい。哀しい。哀しい。哀しい）

コントロール不能の感情が心中で渦巻き、どうすることも出来ない。歩くこともままならず、このままでは膝をついて床に泣き崩れてしまう。そんな状況にまで陥ったとき、

「ご気分がすぐれませんか？　隣室で少しお休みになりませんか？」

黒いスーツ姿の小柄な女性が、倒れそうになった私を支え、声を掛けてくれた。胸元に名札を付けたその女性は、ホールの係員の方らしく、彼女に促されるまま私は列を離れ、別室で休ませてもらうことにした。

控室のソファに横になり、冷たい水をもらって、ようやく私は冷静さを取り戻した。

「すみません。お騒がせしました」

「いえいえ、落ち着かれたようで良かったです」

するとと係員の女性は声を落として、私にこんなことを尋ねてきた。

「……あの、立ち入ったことをお尋ねしますが、故人様とは、親しい間柄だったのですか？」

「いいえ、それが全く。取引先の会長さんなんですけれど、お話ししたことも、お会いしたことさえも一度もなくて。なのにどうしちゃったんでしょうね、私」

私の答えに、女性は「やっぱり……」と、納得したように何度か頷き、

「どなたか他の方の念を、汲み取っちゃったのかもしれませんね。たまにいらっしゃるんですよ。そういう方」

優しい声音で、そう言った。

「他の方の念？」

私を翻弄していた感情がいったい誰のものだったのか、なんとか思い出そうとしたけれど、既にぼんやりと霞のかかったような記憶しか残っていなかった。そして、さっきまではあんなに哀しかったのにもかかわらず、いつの間にか気分も穏やかに晴れていた。

「念のため、これをお持ちになって下さい。ご自宅に戻られたら、胸、背中、足元の順で振って下さいね」

女性がスーツの内ポケットから取り出した、小さな包みを渡してくれた。お清めの塩だろうか。一般的に配られる小袋とは違って、上質な懐紙に包まれたそれは、行書体の達筆で何やら文字列が書かれており、なんだか特別な感じがした。

「こういったことは、よくあるんでしょうか？」

つい好奇心で尋ねると、

「いえ、たまにですよ。たまに」

と、女性は静かに微笑んで、多くは語らない。澄んだ黒い瞳が、印象的な女性だった。

清めの塩が包まれていた懐紙は、そのあと実家の仏壇に大切に飾っておいたのだが、気がついたらいつの間にかなくなっていた。

あれから二十年以上の月日が経ったが、件《くだん》の会社の商品を、時折スーパーなどで見掛けるたびに、

（あのとき私に乗り移ったのは、結局誰の念だったんだろう）

と、あの日の奇妙な出来事を思い出して、あれこれ想像してみるのである。

呪縛

美桜子さんには、二歳上の兄がいたらしい。

『らしい』と言うのは、彼女が物心つく前に、お兄さんは肺炎をこじらせて幼い生命を落とし、周囲から聞くほんの少しの思い出話と写真でしか、その存在を知ることができなかったからだ。

初めての子である兄が死んだときの、美桜子さんの母親の嘆きようは相当だったという。お腹を痛めて産んだ子を失ったショックに加えて、本家の大切な跡継ぎである男子を育て上げることの出来なかった「無能な母親」扱いを親戚一同から受けて、そのころの母は心身共に弱り切っていたと、美桜子さんは大きくなってから父親に聞かされた。

美桜子さんの記憶の中の母親は、いつも暗く哀しげな顔でうつむいていた。

口を開けば「あの子が生きていたら……」と兄の名を出し、母親は常に美桜子さんの成長に兄の姿を重ね見ており、それが美桜子さんにとってはひどく苦痛だった。

そんな母親から逃げ出すように、美桜子さんは高校を卒業してすぐに実家を出て東京の大学へ進学した。卒業後に就職をして、今のご主人と出会い結婚する際も、海外で二人きりで式を挙げ、母親との交流を持とうとしなかった。


そんな状況が一変したのは、彼女の妊娠が発覚してからだった。事前の検査で、お腹の子は男の子だと分かっていたのだが、無事出産を終えた美桜子さんと赤ちゃんが入院していた産院に、どこから聞きつけたのかいきなり美桜子さんの母親が訪ねてきたのだ。美桜子さんの赤ちゃんをひと目見た母親は、

「○○そっくりだわ。ホントに○○そっくり。ありがとう、○○の生まれ変わりを授けてくれて」

そう言って、亡くなった兄の名前を連呼しながら喜び、そして咽び泣き続けた。母親の、昔と変わることのない兄への執着心に、美桜子さんは腹を立てるよりも恐怖を覚えた。


恐怖はそれだけでは終わらなかった。

「ホテルを取ってあるから」

と、東京に居ついた母親は、事あるごとに美桜子さんのマンションを訪れた。

兄の名前を赤ちゃんにつけるよう、母親はさんざん美桜子さんとご主人にごねまくったのだが、もちろん無視して全く違う名前を命名した。しかし母親は頑なに、赤ちゃんを「○○」と兄の名で呼び続けた。

おまけに美桜子さんの知らぬ間に、勝手に近くのアパートを借りてしまい、美桜子さんと赤ちゃんが外出しようとするたびに、偶然を装って後をついてきた。

最悪だったのは、美桜子さんが宅配便を受け取りに玄関に出て戻ってきた際、家に押し掛け上がり込んでいた母親が、自らの胸をさらけ出して、赤ちゃんにそれを吸わせようとしている姿を目撃したときだった。

「二度と顔を見せないで！」

美桜子さんの怒りは頂点に達し、ついに母親に決別を言い渡した。

ちょうどそのころ、美桜子さんのご主人のアメリカ転勤が決まり、美桜子さんと赤ちゃんも一緒に移住することになった。さすがに海を越えてまで母親は追ってこなかったが、毎日のように、謝罪の言葉やら恨みごとやら兄との思い出やらを、だらだらと綴ったエアメールが届いた。美桜子さんはそのほとんどを、読まずに捨てた。

ある日、国際便で大きな段ボールが届いた。差出人は母親だった。中には、子供服が大量に詰まっていたが、どれもみな随分とデザインも布地も古びた品に見えた。添えられた手紙には、

『大切に取っておいた物です。○○に着せてあげてください』

と記されていた。死んだ息子の衣類を孫に着せろだなんて、母親はもう狂っているとしか思えない。美桜子さんは迷わず、箱ごとアメリカの大きなゴミ箱に突っ込んで処分した。

三年の駐在期間を終えて、美桜子さん一家は日本へ帰国した。それを待っていたかのように、ずっと体調を崩していたと言う美桜子さんの母親が他界した。

「正直、ホッとしたんです。これでようやく、母と兄の呪縛から解放されるって」

話を聞いて欲しいと、知人を通じて私に連絡をしてきた美桜子さんと、私は近郊のファミリーレストランで会っていた。

「……でも、ダメでした。私も息子も、今でもずっと見張られているんです。母と兄に」

「どういう意味ですか？」

母親の葬儀以降、息子さんと公園や児童館などで遊んでいると、遠くから視線を感じるのだという。

「気がつくと、息子と同い歳くらいの男の子が、じっとこちらを見ているんです。その子が来ている服が、私が捨てた兄の服なんです」

アメリカで捨てたはずの服を着た子が、日本の公園に？　見間違いじゃないのかと問うと、美桜子さんはスマホを取り出して私に差し出した。

「この写真を見てください」

スマホには、公園で撮影したと思われる画像が何枚も並んでいる。

「ほら、ここ、分かりますか？　こっちは、この木の陰です。いるでしょ？　こっちを見て。分かりますよね？」

拡大して見せてくれた画像には、確かに小さな子供が写ってはいるように見えなくもないが、ぼやけていてよく分からなかった。

「これ兄です。兄なんです」

画像を指差して、美桜子さんはうわごとのように繰り返す。

「兄が、私の子に乗り移ろうとやってきたんです。母が送りこんできたんです。助けて下さい。私、どうしたらいいんでしょうか」

人々が体験した怪異を文字にしてきている私だが、特別な霊能力があるわけではない。美桜子さんが見たと言う子どもが、果たして、母親が導いた亡くなった兄の霊なのか、それとも母親に対する後悔の気持ちが見せた幻影なのか、正直私には分からなかった。

除霊師に詳しい友人を紹介するという約束をして、その日は美桜子さんと別れたが、その後彼女からの連絡はない。

爪

　博香《ひろか》さんは、港区の一等地でネイルサロンを経営している。数年前、元々のオーナーが仕事場の拠点を海外に移した際、信頼を置いていた博香さんに店が任された。高い技術と独創的センス、そして社交的な性格も功を奏して、激戦区でありながら、博香さんのサロンは人気店として、連日予約客で賑わっていた。

「そのお客様が来たら、要注意なんです」

　ネイリストの間で噂されているというその話を博香さんに聞かせたのは、店で一番若いスタッフのエミリさんだった。

「爪に、苦しそうな男の人の顔が浮かんでいるんですって。その顔の上にネイルをしちゃうと、担当したネイリストは謎の奇病にかかるとか……。怖くないですかぁ」

「なにそれ」

博香さんはもちろん、他のスタッフも鼻で笑った。

おおかた、お客様の爪が黒や緑に変色していたり、ホワイトスポットと呼ばれる白い斑点が現れていたり、そういった症状が偶然顔のように見えてしまったという話に、尾ひれがついてそんな都市伝説的な噂が生まれたのではないだろうかと。

「まぁ、ある意味要注意なんだけどね」

業界の先輩として、博香さんはエミリさんを諭した。

お客様の爪の健康状態をチェックするのも、ネイリストの大事な役目だ。顕著な異常が見られる場合は、医療機関への受診を勧めることもある。顔に見間違うほどの症状が爪に出ているのならば、施術をお断りせざるを得ないだろう。

「でも実際、病気で辞めちゃう人が続出しているって」

「それは奇病とかじゃなくて、ただのストレスでしょ？」

人気の職業ではあるが、この道で食べていくのはなかなかにハードだ。博香さんの同期でも、辞めていったネイリストは数多くいる。

「エミリちゃんも、何かあったらちゃんと相談してね」

新人の彼女が頑張りすぎて無理をしないようにと、博香さんは助言して、その日の雑談は終わった。

それから数日後のことだ。

「博香さん、大変です」

博香さん専用の施術室をノックしたのは、真っ青な顔をしたエミリさんだった。

「どうしたの？」

「来たんです。爪に人の顔があるお客さんが」

「は？」

博香さんは、以前雑談の際に出た噂話を思い出す。

「爪の変色？　トラブルの対処もスクールで習っているでしょう？　冷静に対処して」

「でもお客様は、そんなの見えないって言うんです。だけどいるんです。左手の親指の爪に、男の顔が……」

涙目で訴えるエミリさんを放っておくわけにもいかず、博香さんは問題のお客様のカウンセリングに同席した。しかし、博香さんが見ても爪には特に異常は見られない。

当のＯＬさんらしき新規のお客様も、一体何が問題なのかと不思議そうな顔をしている。

「異常はないわよ。ちゃんと施術してさしあげて」

小声で指示をするが、エミリさんは
「でも……」

と、納得しない。

「プロでしょ？　責任持って仕事して」

常連の上客の予約時間が迫っていた博香さんが、少々きつめに言い放つと、ようやくエミリさんは弱々しく頷いた。


翌日、エミリさんは欠勤した。

その後も「具合が悪い」から始まって、「熱がある」、「吐き気がする」と休みは続き、最終的には、

「爪が、息苦しいんです」

などと言いだした。

尋常じゃない様子に、博香さんはエミリさんのアパートを訪ねた。

「どうしよう、博香さん。アイツ、私の爪に乗り移りやがった」

　ボサボサの髪に乱れたパジャマ、酷い身なりのエミリさんが、血走った目で両手を突き出して爪を見せてくる。しかし、博香さんには何も見えない。

「ほら、見えるでしょ？　ここに男の顔が。こっちには女の顔が。ここにも、ここにも」

「エミリちゃん、落ち着いて」

　幻影でも見えているのか。明らかにエミリさんは、精神的に追い詰められているかに見えた。

　心配した博香さんは、エミリさんの親御さんと連絡を取り、間もなく彼女は実家へ引き取られていった。

　だが、それだけでは終わらなかった。


「血だらけの生爪が、送られてきたんです」

　差出人は、エミリさんだった。

　一枚ずつ封筒に入れられ、数日おきに博香さんの家に、剥がされた生爪が届けられた。

　そして同封されていたメモには、

「これは左手の親指の爪です。この男の人はリストラを苦にして自殺しました」

「これは左手の人差指の爪です。この女の人はストーカーに刺されて死にました」

と、ひとつずつ意味不明な説明書きがされていたという。

「この間で両手分の十枚が届いたから、生え換わるまでの半年間位は、もう送られてこないと思うんですけど」

博香さんは弁護士を通してエミリさんのご家族と連絡を取り、正式にエミリさんとの雇用契約を終了し、今後一切博香さんに関わらないように約束させた。

「経営者って、何かと大変ですね」

ショッキングな出来事であっただろうに、変わらず精力的に働く博香さんは、さすが人気サロンのトップネイリストだと感心したが……。

話を聞かせてくれたカフェで、カップを持つ博香さんの左手の小指の先に巻かれた絆創膏が赤く滲んでいたのが、少々気にかかっている。

フレッシュさん

郊外の分譲マンションを購入した上林さんは、通勤時間が今までの二倍になった。とはいえ朝早くに家を出れば、沿線の始発駅から高確率で座ることができ、しばしの二度寝をきめている間に電車が勝手に運んでくれるので、毎朝の通勤もさほど苦痛には感じなかった。

毎日同じ時間の電車の、同じ車輌を利用していると、見慣れた顔が定まってくる。自分と似たようなスーツ姿のサラリーマン、ＯＬ風の女性、制服姿の学生。名前も素性も全く知らない人たちばかりだが、もし街中で会ったらうっかり頭を下げてしまいそうなくらいには、いつしか親近感を覚えていた。度のキツそうな眼鏡を掛けたサラリーマンは「メガネさん」、いつも縞柄のネクタイを締めている年配の男性は「Ｍｒ．ストライプ」、「籠球部」と書かれたスポーツバッグを持った男子高校生は「のっぽ王子」。上林さんはお決まりの顔ぶれにそんなあだ名をつけて、密かに仲間意識を抱きつつ通勤時間を楽しんでいた。

春になって、いつもの面子《めんつ》に新メンバーが加わった。OL風のうら若き女性。上林さんが乗車する駅の数駅先から乗ってきて、彼が座るシートの向かいのドア付近のコーナーを定位置にするようになった彼女は、新入社員らしい初々しさが際立っていたので、これまた勝手に「フレッシュさん」と名付けた。フレッシュさんはいつも、ピンと背筋を伸ばして手すりに寄り掛かることもなくスックと立ち、若い人には珍しく乗車するとすぐに、スマホではなく鞄から取り出した単行本を広げて、通勤時間を読書に充てていた。その姿からは知的で優秀な人物のイメージを受けるのに、肩から下げた、書類がすっぽり入りそうな大きな鞄にぶら下げたハリネズミのマスコットのゆるさ加減が、またギャップとなっていて印象的だった。

そんなフレッシュさんの様子が、お盆休みを過ぎたころから変わっていった。電車に乗ってくると、倒れ込むように手すりに体を預け、本を開くこともなく、ぼうっと車窓を眺めるようになった。肩口でカールされていたヘアスタイルは無造作に後ろで束ねられ、もつれた毛束も目立ってきた。履いている靴も汚れが目につくようになり、鞄で揺れていたハリネズミは、鼻の部分が裂け片目も取れて、無残な姿をさらしている。春先のフレッシュな彼女のイメージは日を追うごとに薄れていき、赤の他人である上林さんでさえも「仕事のストレスだろうか？」「ちゃんと眠れているのだろうか」などと心配してしまうほどに変わってしまっていた。入社当時は張り詰めていた緊張感が、徐々に日々の業務に慣れてきて緩んだころに、「この毎日がいったいいつまで続くのか」とか「自分にこの仕事は本当に向いているのだろうか」とか、悶々として悩み始めた時期が自分にもあったことを、上林さんは彼女を見て思い出していた。そして、その感情の山を乗り越えられたら、社会人としてひと回り強くなれるはずだと、朝から疲れ切ったフレッシュさんを見るたびに、上林さんは『がんばれ』と心の中でエールを送るのだった。

その日の朝、上林さんはいつもの電車に乗ると、定位置の座席ですぐに舟をこぎだした。前夜寝しなに読み始めた小説が面白くて、睡眠時間を大幅に削ってしまったからだ。ふと目を覚ますと、車内は乗客も増え、ほどほどに混み始めていた。目的地まではあと数駅ある。ドア脇に、フレッシュさんが立っているのが見えた。うつむき気味の顔はいつにも増して青白く、少しでも誰かに押されたら、倒れてしまうのではないかと思うほど、力なく手すりにもたれかかっている。ここから更に電車は混雑していくし、席を変わってあげたほうが良いのではないかと、上林さんは考えた。だが、目の前に立っていたのならいざ知らず、若干距離のある場所に立つ若い女性に、いきなり中年男が声を掛けたら、不審がられてしまうかもしれないと思考を巡らせていると、電車は次の駅へと到着し、ドアが開いて客の乗り降りが始まった。

(あっ、危ない!)

「のっぽ王子」が抱えた大きなスポーツバッグが、彼の降り際にドア付近にいたフレッシュさんにもろにぶつかりそうになった。その瞬間——

(……えっ?)

上林さんの目に、驚くような光景が飛び込んできた。のっぽ王子のエナメルのスポーツバッグが、フレッシュさんの身体をふいっとすり抜けたのだ。それだけではない。降りる客があらかた済み、ホームに並んでいた乗客がドア一杯に広がって電車に乗り込んでくる際にも、乗客はドア口に立つフレッシュさんの身体がまるで透明人間であるかのように、次々と通り抜けていく。こんな異常な状況にもかかわらず、「メガネさん」や「Mr.ストライプ」や他の乗客は気づいているのかいないのか、誰ひとりとして反応していない。呆気にとられた上林さんが目をしばたいてよく見ると、フレッシュさんの身体は他の乗客よりも色味が薄く、向こうの景色がうっすらと透けている。近ごろ元気がないと感じていたフレッシュさんは、元気どころか実体さえもなくなってしまったというのか？

電車は終点の駅に到着した。吐き出されるように乗客たちが降りていく。気が付けばいつの間にか、フレッシュさんの姿は忽然と消えていた。

明日もまた、フレッシュさんはいつもどおり同じ電車に乗ってくるのだろうか。確かめるのが怖くて、上林さんは翌朝から電車の車両を変えてしまった。

新しい車両の顔ぶれにもようやく慣れてきたけれど、あの日見たフレッシュさんの青白い顔を、上林さんは忘れることが出来ずに、ふとした瞬間、電車のドア口に彼女の姿をいまだに探してしまうという。

夏の思い出

明良《あきら》君の父方の実家は東北の大地主。山間《やまあい》の村の高台にそびえる驚くほど大きなお屋敷で、明良君の父親は少年時代を過ごしたのだという。

まだ明良君が小学校に上がる前のことだった。夏休み、父親に連れられて、そのお屋敷に泊まりに行ったことがあった。従兄弟たちも大勢集まり、虫捕りや川遊びに興じて、思う存分夏を満喫した。

夜になると子供たち一同は離れのひと部屋に集められ、布団を並べて寝かしつけられた。大人たちが、母屋で飲んで騒いで過ごす声を遠くに聞きながら、日中遊び疲れた明良君たちは次々にすうすうと寝息を立てて眠りについた。

「……あれ？」

翌朝目覚めると、明良君はおかしなことに気が付いた。

横並びに四人並んで敷かれていた布団で眠っていたはずなのに、朝起きると明良君の布団だけ、畳半分ぐらい廊下側へずれているのだ。みんなが起きる前に、明良君はこっそり自分の布団を元の位置に引き上げた。寝相が悪くて、明良君の布団だけがずれてしまったのだと思われたくなかったからだ。

その日も一日遊んで、疲れ切って寝床に入った。そうして翌朝目覚めると——

またしても、明良君の布団だけ位置が変わっていた。今度は畳半分どころか布団一枚分以上ずれており、廊下に通じる障子が目の前に広がっていたほどだった。さすがに誰かの悪戯だろうと、明良君は従兄弟たちを問い詰めた。でもみんな「何を言ってるの？」と、きょとんとするばかり。

その部屋に泊まっていた従兄弟の数は総勢八人で、四枚ずつ並べた布団が向かい合わせで敷かれていた。明良君は廊下側の一番端の布団で寝ていたのだが、三日目の夜は明良君よりも年下の従兄弟を半ば脅して寝床を交換させて、床の間側の中ほどの布団を陣取った。その場所なら足元のすぐが壁だったから、布団がずれても問題ないと考えたのだ。

そうして布団に入った深夜。

（……え？　地震？）

揺り動かされるような振動に、目を覚ました明良君は、周囲の風景に仰天して飛び起きた。明良君が目覚めた場所は、従兄弟たちと一緒に眠っていた部屋ではなく、離れの廊下だった。それも、眠っていた布団ごと廊下に出されていた。いや、驚いた理由はそれだけではなかった。布団は真っ暗な廊下を、なんと明良君を乗せてじりじりと動いているのだった。

そして明良君は目撃した。暗闇から伸びてきた青白い腕が、布団の端を掴んで引っ張っているのを。

「わぁぁぁぁぁぁぁ」

明良君は、たまらず絶叫した。

ずりっ、ずりっ、ずりっ――

泣き叫ぶ明良君を乗せたまま、布団は暗闇へと引き摺られていく。

「助けてぇ！　助けてぇぇぇ!!」

「どうした、明良！」

明良君の声を聞きつけて、母屋から大人たちが駆け付けてきた。すがるように父親に飛びついた明良君が振り返ると、布団を掴んでいた手はいつの間にか消えていた。

「どうせ、寝ぼけたんだろう」

そう言って大人たちは明良君を笑ったが、そのあと明良君は、なぜだか従兄弟たちの眠る部屋ではなく、母屋の仏壇がある曾祖母の部屋で一緒に眠らされた。ひと晩じゅう仏壇にはろうそくが灯され、線香も炊かれ、明良君は曾祖母に、額へ赤い絵の具で何やら書きこまれた記憶が、うっすらあるという。


結局明良君が、そのお屋敷を訪ねたのはその夏が最後だった。翌年には、両親が離婚したからだ。母親に引き取られた明良君は、父親とは疎遠になった。

中学に上がったころ、明良君は母親に尋ねたことがあった。どうして父親と別れたのかと。

「……だって、あの人の実家、変だったんだもの」

眉をひそめる母親に、なんとなく納得してしまった、明良君であった。

見えぬが勝ち

真理子さんの自宅の裏手の空き地で、新築のお宅の工事が始まった。

「ご迷惑おかけしますが、よろしくお願いします」

手土産持参で挨拶に来てくれたその家のご主人・中村さんは、礼儀正しく第一印象も良かったので、今後のおつきあいもスムーズに出来るだろうと真理子さんは安堵した。

完成した中村家のマイホームは、その辺りでは目新しいデザイナーズハウスで、木材とコンクリートを基調にしたモダンな外観や、夜間のライトアップなど、中古住宅を購入した真理子さんにとっては、なんとも羨ましくなるような新居だった。

中村さんのお宅の長女・花音《かのん》ちゃんと、真理子さんの下のお子さん・凜々子ちゃんは同い歳で、翌春から同じ幼稚園に通うことになったため、両家の親交は更に深まった。中村さんの奥さんも、ご主人同様感じの良い方だったので、幼稚園が終わると子供と一緒に互いの自宅を訪れて、お茶とお菓子で時間を過ごす機会も多かった。

大きな窓をふんだんに取り入れた、中村さんのお宅のリビングは明るくて居心地がよく、何より真理子さんが羨ましかったのは、天井に造られた天窓だった。

日中は、柔らかい日差しが差し込み、夜になれば月や星が望める空に近い窓は、真理子さんの小さなころからの憧れだった。

「かのんちゃんはいいな。おほしさまがみえるおうちにすめて」

娘の凛々子ちゃんの言葉は、真理子さんの心の声をそのまま表していた。

半年ほど経ったころのことだ。風邪をこじらせ体調を崩してしまったという中村さんの奥さんは、寝込むことが多くなったとかで、花音ちゃんの幼稚園の送り迎えをご主人が担当する日が多くなった。ご主人が仕事でお迎えが間に合わない場合は、真理子さんは凛々子ちゃんと一緒に花音ちゃんを自宅に連れ帰り、中村さんが帰るまで遊ばせたり夕飯を出したり、ときにはお泊まりまでさせてあげた。

「りりこちゃんちでおとまりするの、だいすき」

あんな素敵なおうちに住んでいるのに、花音ちゃんは嬉しいことを言ってくれる。

「花音ちゃんのおうちだって、とっても素敵でうらやましいけどな。あのお空が見える窓とか、いいよねぇ」

真理子さんの言葉に、かのんちゃんは顔を曇らせた。

「かのんは、あのまどきらい」

「どうして？」

「こわいおかおが、のぞいているから」

真理子さんがこの話をご主人にしたところ、ご主人も裏のお宅に関して気になっていたことがあると言い出した。

「あそこの旦那さん、最近休みの度に梯子掛けて屋根に上っているんだよね。なにか修理でもしているのかと思ったけど」

天窓から覗く「怖い顔」の正体を探ろうとしていたのかな、ご主人がぼそりと呟いた。


その後、中村さんのお宅の天窓は、業者の手によってパネルで塞がれてしまった。奥さんも、元気になった。

見えなければ、問題はないのだ。

真昼の出来事

都内で印刷会社に勤める進藤さんが、新入社員だったころの話。

配属された営業課は外回りがメインで、入社当時は研修とお得意様への挨拶も兼ねて、先輩社員と二人一組で営業先を車で回らされていた。進藤さんの指導を担当してくれたのは、矢部さんという先輩で、学生時代はアメフトで活躍していた、屈強な身体と底抜けに明るい性格の持ち主だった。

その日も朝から、進藤さんは矢部さんと社用車である軽自動車に乗り込んで、お得意先へと向かっていた。ハンドルを握るのは進藤さん。入社前になんとか免許は取得したものの、まだまだ交通量の多い都内での運転に慣れておらず、ガチガチの緊張状態で危なっかしい進藤さんの運転にもかかわらず、助手席に座る矢部さんは気にもしないで、

「お、あそこのラーメン、ネットで評判いいんだよな。あとで寄るか？」

「やっぱポルシェは赤だよなぁ。白やシルバーは無難すぎ」

などと、車窓から街の景色や行き交う車を眺めては、目についたものを片っ端から、呑気にあれこれと語り掛けてくる。

高級外車も行き交う都心の道路で、事故でも起こしては大変と、進藤さんは「はぁ」とか「そうですね」とか適当に相槌を打っていたのだが、それは池袋から明治通りを走り新宿へと向かっている時だった。渋滞の多い道なのでなかなか車が進まないでいたけれど、珍しくその日は助手席の矢部さんの口数が少ない。いつもなら、渋滞の時にこそ、イラつきそうになる気持ちを紛らわしてくれるかのように、あれこれ面白い話をしてくれていたのに。

(腹の調子でも悪いのかな?)

黙ったまま、助手席側の窓の外を眺めている矢部さんを横目に見ながら、進藤さんがそんなことを考えていると、

「……なぁ、隣の運転手、なんか変だぜ」

車外に視線を残したまま、矢部さんがぽつりと呟いた。

「変って、何がですか?」

目の前の信号が赤に変わり停車したので、進藤さんも矢部さんの視線の先の左車線に停まっている車に目を向けた。白地に青いラインの入ったトヨタのクラウン。走行中よく見かける、個人タクシーの車体だ。白シャツ姿の運転手さんは、黒縁の眼鏡をかけた中年男性。にこやかな顔つきで口を動かす様子が、二枚のガラス越しからでも見て取れた。お客さんとの会話が弾んでいるのだろうか。声は聞こえずとも、そんな想像が出来た。

「ずいぶんと、楽しそうに話していますね」

愛想の悪い運転手さんに当たってしまうよりは、話術に長《た》けた運転手さんの方がいいではないか。いったい何が「変」なのか。

「美人のお客さんでも、乗っているんですか？」

進藤さんの位置からでは、タクシーの後部座席までは見えなかったので、矢部さんにそう尋ねてみる。

「いや……」

普段なら、女性に関しての話題となったらうるさいくらいに食いついてくるくせに、なぜか随分と歯切れが悪い。今日の矢部さんはやっぱりおかしい。だが、その後に続いた矢部さんの言葉は、予想外の返答だった。

「乗っていないんだよ」

「え？」

「だから、客が乗っていないのに、ひとりで話してんだよ、あの運転手」

「はぁ？」

信号が青に変わったが、矢部さんの言葉に気を取られてスタートが遅くなった。タクシーは、進藤さんたちの社用車を追い越して、道の先へと進んでいく。

「……本当だ」

斜め前を走るタクシーを追いながら見ると、確かに矢部さんが言うように、リアウィンドウから見えるタクシーの後部座席には、そこに座っている誰の頭も見えていない。

「ひとりごと、ですかね」

「あんな楽しそうなひとりごとがあるかよ。それにほら、あの運転手、ちょこちょこ後ろを気遣うように顔を向けてんだよ。分かるか？」

渋滞中の道路を、進藤さんが運転する車もタクシーものろのろと進む。確かに運転手は笑みを浮かべながら、バックミラーを覗いたり、後部座席を気に掛けるようにして頷いたりしている。どう見ても、乗客と会話をしているようにしか見えない。

「客が乗ったときのことを想定して、円滑な会話のシミュレーションでもしているんですかね」

「なんだよそれ。ムリありすぎだろ」

自分でもそうは思ったが、だったら隣を走る運転手の謎の行動を、矢部さんはどう説明するというんだ。

「……ありゃあ、乗っけちまったんじゃねぇのかな」

「……何をですか」

「『見えない客』をだよ」

「よしてくださいよ。こんな真っ昼間に、そんなワケないでしょ」

タクシーにまつわる怪談話の定番は知っている。乗せたはずの客がいつの間にか消えていたというパターン。でもそれは大抵、雨の夜とか病院や墓地の近くで起きる話なんじゃないのか。

「じゃあなんで、あのタクシーは空車マークを出していないんだよ。俺さっき確認したぞ。ちんそうって読むのか?あれ。客が乗っていますってマーク光らせて走ってんだぞ。乗ってんだよ、誰かが」

『空車』でも『回送』でも『迎車』でもなく、『賃走』の表示を出して走っているタクシー。あの運転手にだけ見えている、客が乗っているとでもいうのか。

と、前方を走っていたタクシーが、左ウィンカーを点灯させ路上に停車した。

「お、停まったぞ」

『見えない客』が乗っているだなんて言うのは矢部さんの妄想で、ちゃんと乗客が降りてくるのではないか。例えばすごく背の小さな人とか、小学生とか。結末をこの目で見届けたいという進藤さんの思いが通じたのか、また信号につかまり車の流れが止まったため、停車したタクシーの様子を後方からうかがうことが出来た。

「誰も降りてこねぇな」

矢部さんが言う通り、ハザードランプを点灯させ停まったままのタクシーの、後部座席のドアは開かない。代わりに運転席のドアが開き、運転手が降りてきた。先程までの朗らかな顔とは打って変わって、おろおろと不安げな表情で顔色も真っ青だった。後部座席を覗き込んだり、辺りをきょろきょろ見回したりして、明らかに動揺が見て取れる運転手さんの姿に、

「ほぉら、やっぱりなんかを乗っけちまったんだよ」

そんな矢部さんの言葉も、今度は納得してしまった進藤さんだった。

――目的地に到着すると、後部座席の女の姿は消えていました――

あの様子から見て、定番の怪談どおりの展開が、運転手の身に起きてしまったのだろうと。

（『狐につままれた』人の顔とは、正にああいう表情を言うのだろうな）

呆然と立ち尽くす運転手を横目に、動き出した車の流れに従い、進藤さんはアクセルを踏んだ。

と、その瞬間――

「うわぁぁぁぁぁ」

進藤さんと矢部さんは、二人同時に叫び声をあげた。スイッチを切っていたはずのカー・ラジオから、いきなり大音量で音楽が流れ始めたからだ。

「なんだなんだなんだなんだ!?」

「え？　矢部さんがスイッチ入れたんですよね？　そうですよね？」

「俺じゃねぇよ！　一ミリも触ってねぇよ！」

言い合う二人をよそに、ラジオはチューニングを勝手にチャカチャカと変えていき、車内に混沌とした音を流し続ける。

「うるせぇんだよ！」

半ギレ気味に矢部さんがインパネを叩きまくり、なんとかラジオの暴走は止まったが、いきなり起きた怪現象に、さきほど目撃した運転手さんの青ざめた顔が思い出されて、車内に不穏な空気が満ちていく。

次の目的地に到着するまで、進藤さんも矢部さんもバックミラーを覗くことができなかった。もし、後部座席に見知らぬ誰かが座っていたりでもしたら……。そう考えると、ただひたすら前を向いて運転するしかなかった。


「学びましたよ。昼間でも都会のど真ん中でも、出るときは出るんだなって」

「気を付けてくださいね」の言葉とともに、進藤さんはそんなアドバイスをくれたが、交通事故ではあるまいし、何をどう気を付ければいいのか分からなかったので、取り敢えず「そうですね。気を付けるに限りますね」と、頷いておいた次第である。

カプセルの夜

瑞樹さんは、都内でご両親と歳の離れた妹との四人で実家暮らしをしている三十代の会社員。さほど口うるさくはないものの、最近両親がお年ごろの瑞樹さんに「結婚はどうするつもりか」と遠回しに圧を掛けてくることが増えてきた。

毎回言い争うのも面倒なので言われるままにしていた瑞樹さんは、月に数回外泊をして家族と距離を置くことで、気分転換を図っていた。外泊といっても、仲の良かった友人たちは軒並み結婚・出産・育児のサイクルに入ってしまい、なかなか一緒に旅行する計画も立てられず、かといって毎回ひとり旅は金銭的にも辛い。そこで瑞樹さんは、お手軽に近場の二十四時間営業のスーパー銭湯やスパでひと晩を過ごし、心身ともにリフレッシュをしていた。

都内近郊のスパをあらかた網羅した瑞樹さんが、次に目をつけたのがカプセルホテルだった。近年では女性専用の施設も多くでき、サウナや岩盤浴が利用できる場所もあり、どこも駅近でお値段も財布に優しい。早速瑞樹さんはネットで検索をかけ、小ぎれいで清潔そうなカプセルホテルを予約して週末を過ごすことにした。

　写真では目にしたことはあっても、実際に初めて見るカプセルホテルの寝床は衝撃的だった。入口は狭いし天井も異常に低い。まるで棺桶のような息苦しそうな狭い場所で、果たして自分は一夜を過ごせるのだろうか。そう思っていた瑞樹さんだが、頭をぶつけそうになりながらも試しに寝床に横になってみると、意外にもその狭さが心地よかった。

「閉所恐怖症の人とかには辛いだろうけど、私の場合、胎内回帰的な安堵感が得られたんですよね」

　すっかりその魅力に取りつかれた瑞樹さんは、都内のカプセルホテルをあちこち巡って、ひとりの週末を満喫した。


　それは、とある繁華街に近い一軒のカプセルホテルを利用したときのことだった。ずいぶんと狭くて年季の入ったビルに入ったホテルだった。以前は男性専用だったフロアの一部を、女性専用階に改装したような造りで、フロントやエレベーターなどは男性客と共用だった。寝床であるカプセルも古くて、元はクリーム色だったのだろうが妙に黄ばんだ色に変色している。頭上にはテレビがついていたが、壊れてしまったのか、画面がプラスチックのようなもので蓋をされてしまっている。今のご時世、スマホがあれば音楽もラジオも動画も楽しめるから、テレビの必要性は感じなかったが、使えない代物が無駄なスペースを取っているのは、なんだか損をしているような気がした。

それでも、バックパッカーらしき外国人客も多く、フロアーはそれなりに賑わっていたし、薄っぺらではあったけれど寝具は清潔だったので、瑞樹さんにさほど失望感はなかった。シャワーを浴び、ホテルのアメニティの、まるで女囚のような煮しめた灰色のリラックスウェアに着替えると、瑞樹さんは早々にカプセルに潜り込み、持参した文庫本を読み進めた。

カプセルの外から聞こえていた、アジアの国の言葉で交わされる宿泊客の話し声が、段々と囁き声に変わっていく。夜もだいぶ更けたなと、瑞樹さんは本を閉じて寝る準備にかかった。彼女には就寝時に欠かせない習慣があった。それは、畳んだタオルを閉じた目の上に載せて眠ることだった。真っ暗闇の中で寝たいのだけれど、緊急時のために部屋の灯りは落としたくない。なので自らに目隠しをする。世の中にはアイマスクという便利なグッズがあるけれど、あれは耳や頭に掛けるゴムが嫌いで、色々試した結果、正方形サイズのハンドタオルを二つ折りにして目の上に載せて寝ると、重さも幅も具合がいいとの結論を得たのだった。

この日も瑞樹さんは、持参したハンドタオルを二つ折りにして目の上に載せて眠りについた。枕が変わろうが布団が薄かろうが、目の上のタオルさえあれば、寝付けないことはなかった。

そんな瑞樹さんが夜中に目覚めたのは、普段就寝中に感じたこともない息苦しさを覚えたからだった。

（……ふっ、……っく）

呼吸が詰まるような感覚に目を開けると、二つ折りにしてあったはずのタオルがなぜか広げられていて、瑞樹さんの顔の上に掛けられている。はぎ取るように顔からタオルをどけた。これでは息が苦しくなったのも当然だ。妙だった。なぜちゃんと畳んだはずのタオルが広げられて、それも顔の上に掛けられていたのか。熟睡して顔からタオルが落ちることはあっても、こんなことはかつて一度もなかった。

（まさか、誰かの悪戯？）

このフロアの他の誰かが、寝ている自分の顔からタオルを取って、広げて掛け直したのか？　いや、出入口が広い横型のタイプのカプセルならいざしらず、ここのカプセルは出入口が足元にある縦型タイプだ。もし寝ている自分にそのような悪戯を仕掛けるのなら、身体の上を覆い被さるようにして中に侵入しなくてはならない。カプセルの入り口には鍵はない。カーテンが引かれているだけなので、侵入しようと思えば可能なのかもしれないが、いくらなんでもカプセルの狭い空間に他者が入ってきたらさすがに気が付くはずだ。

どうにも腑に落ちなかったが、まだ深夜でもあったし、襲ってくる眠気には勝てず、「まあいいか」と瑞樹さんはもう一度丁寧にタオルを畳んで、目の上に載せて眠ることにした。

そして再び瑞樹さんを目覚めさせたのは、ぼそぼそと聞こえる誰かの話し声だった。隣のカプセルの客の声だろうか。意識はあるものの目を閉じたまま寝ぼけた頭でぼんやりと考えていると、先ほど同様顔全体がタオルで覆われていて息苦しいことに気がついた。

が――

（……あれ？）

腕を上げて、顔からタオルを取り除こうとしても、その腕が一ミリも動かない。まるで布団に糊付けにでもされているかのように。

「何しろ初めての経験だったからピンとこなかったんですけど、後から考えるとあれが『金縛り』ってやつだったんですかね」

例えるなら、こびとの国で捕らわれの身となったガリバーの気分だった。身体は動かない、声も出せない、ただ瞼だけは開けることが出来たので瑞樹さんは必死に目を動かして辺りの状況を探ろうとしたが、顔はタオルで覆われているので何も分からない。

と、目覚めのきっかけとなった、『声』が徐々にはっきりとした音で聞こえてきた。壁の向こう、隣のカプセルから聞こえているとばかり思っていた声が、やけにクリアに耳に届く。そしてそれは、生温かい空気と共に瑞樹さんのすぐ耳元で囁いてくる。

「……しんじゃったぁ？　……しんじゃったぁ？」

繰り返されるしゃがれ声は、男だか女だか判別がつかず、それが更に瑞樹さんを震え上がらせた。カプセルの中に不審者がいる！　と――。

「……しんじゃったぁ？　……しんじゃったぁ？　し・ん・じゃっ・たぁぁぁ？」

その声が「死んじゃった？」と問い掛けているのだと気づいたけれど、「死んでないよ！生きてるよ！」と反論したくても声が出ない。身体も動かず、このまま不審者にタオルを顔面に押し付けられでもしたら、呼吸ができなくて本当に死んでしまうのではと焦る。

ふと、声が止んだかと思うと、今度は顔に広げられていたタオルがゆっくりと何かの力によって、下に引っ張られていく。

するすると引き下げられていくタオル。小さく灯した室内灯の明かりが、額の隙間から差し込んでくる。タオルがどけられて、すべてが視界に入ったとき、そこに不審者がいたらと思うと、怖くて目をつぶりたかったが、金縛りのせいか恐怖で硬直してしまっているのか、身体だけではなく瞼までいうことを聞かなくなっていた。このままでは、もうじき全てが見えてしまう。あと少し、もう少し……。

ひゅうっ――

思わず息を飲みこんだ。開《ひら》けた視界いっぱいに飛び込んできたのは、顔中皺だらけの老人の顔だった。傷んだ箒にも似た伸び放題の白髪頭は、老婆のようにも見えるし、落ち武者のようにも見える。ところどころ抜けた黄ばんだ歯をむき出しにして、しゅうしゅうと息をする様も不気味でたまらなかったが、瑞樹さんが何より震えたのは、その老人がカプセルに忍び込んでいたわけではなく、上半身のみがカプセルの壁から生えている状態で目の前に存在していたからだ。

「死・ん・じゃ・え・ばぁ？」

　上半身だけの老人が、血走った目でこちらの顔を覗き込みながらそう告げてくる。あまりの恐ろしさに、瑞樹さんは声なき声で絶叫した。

「……んっがっはぁぁぁぁ」

　悲鳴を上げたつもりだったが、喉から絞り出たのはまるで嘔吐してしまったかのような無様な音だけだった。

　が、その音をきっかけに、固まっていた瑞樹さんの身体が動いた。バネのように跳ね起きると、同時に壁から生えていた老人の上半身もかき消えた。そこには穴もひびも残されてはおらず、ただの無機質なカプセルの壁があるだけだった。瑞樹さんは慌ててカプセルから顔を出すと、老人が現れた右の壁側のカプセルの様子を覗き見たが、右どなりのカプセルのカーテンは開け放たれ、寝具の乱れもなく、中は無人の状態だった。

　カーテンの閉まっている他のカプセルから、気持ちよさそうに眠る誰かのいびきが聞こえてきた。

「羨ましかったですね。自分はもうとてもじゃないけど、カプセルに戻って寝直そうとは思えなくて、ロビーで朝が来るまでひとりで過ごしましたから」

以降、瑞樹さんは目の上にタオルを載せて寝ることも、カプセルホテル巡りも止めてしまったという。

「あの四角いカプセルが並んだ様子に、死体安置所を重ねて見てしまうようになっちゃって」

小心者の私はこの話を聞いて以来、就寝時は壁に背を向けて眠るようにしている。妙な奴が壁から生えてこられでもしたら、堪らないから。幸い就寝中、しゃがれた声で語り掛けられることも、背中を叩かれて起こされることもない。

今のところは――

シングルルーム

若かりしころ、英語もろくにできないのに、ひとりでニューヨークを訪れた。

予約したのはブロードウェイにほど近い、安ホテル。観劇後にも歩いて帰れるという点だけが、魅力の宿だった。あくまでも旅の目的は、快適なホテルで優雅に過ごすことではなく、長年憧れの街であったニューヨークの観光とブロードウェイ観賞だったから、やたらと軋む古いベッドも、お湯の出が怪しいバスルームも、大して気にはならなかった。

翌日は朝から美術館巡りをする計画を立てていたので、その夜は早々にベッドに入った。サイドテーブルに置かれた無機質な黒い箱は、時刻がデジタル表示されたラジオ付きの目覚まし時計。それを、朝の七時にセットして。


鳴り響く電子音に目を覚まし、まどろみの中でアラームボタンを手探りする。指先が、目覚まし時計の上部にあるボタンを見つけ出し、アラームを止めるためにその突起を押し込むと――

その手を、誰かに掴まれた。

（……ひぃっ）

瞬時に掴まれた手を振り払い、飛び起きた。薄暗い部屋。かろうじて室内が見渡せるのは、真っ暗では怖いからと、眠る前に小さな明かりを灯しておいた部屋の隅のライトスタンドの頼りない光のお陰だった。時計の表示は、まだ夜中の三時前であることを示している。なぜ、こんな時間にアラームが鳴ったのか。いやそれよりも、ひとりきりのこの部屋で、自分の手を掴んできた、まだ指先の感触が残るあの冷たい手は、いったい誰のものだったのか。サイドテーブルの下を覗いてもカーテンをめくっても、掴んできた手も、手の持ち主の姿も、部屋のどこにも不審者の姿は見当たらない。果たしてそれを安堵していいのか、見当たらないからこそ怖がるべきなのか混乱する。

サイドテーブルの上の時計も、シングルベッドが置かれた部屋も、眠る前となんら変わりがないように見えた。さっきの出来事は、もしかして夢だったのではないか。そう思いたかったが――

何かに掴まれた右手の甲が、みるみる赤く腫れていった。

じくじくとする痛みと得体の知れない恐怖に震えながら、シーツを被って朝を待った。枕元で、ぶつぶつと呟く誰かの声が聞こえてくるような気配がしたが、何しろ英語はろくにできなかったので、その呟きの意味は分からずに済んだ。右手の腫れと痒みは三日ほど続いたが、幸い痕も残らなかった。

以来、目覚まし時計を止める際には手探りではなく、ちゃんと目を開けてそこに何もないことを確認してから、止めるようにしている。

メメント・モリ

音楽の都・ウィーンを旅した際の話だ。

街のシンボル・シュテファン大聖堂には、『カタコンベ』と呼ばれる地下墓所がある。

ここにはスペイン式宮廷儀礼に倣って、王朝ハプスブルク家の人々の内臓が埋葬されている。ちなみに心臓はアウグスティーン教会、それらを抜かれた遺体はカプツィーナ教会に。

かつては共同墓地としても使用されていたため、貴族や聖職者の霊廟の奥には、十七世紀に欧州で猛威を振るった「ペスト」で亡くなった約二千人分もの遺骨が保管されている。

辛い過去に、胸が痛んだ。

見学ツアーの中に、アメリカからの観光客の若者たちがいた。ハイテンションな彼らはやたらに騒ぐ。わざとらしく怯えたふりをして大声を出したり、「ハロー」などと言って棺を叩いたり、挙句の果てには撮影禁止にもかかわらず、積み上げられた人骨に向かってカメラを向けてフラッシュをたいたり。

死者が眠る神聖な場所での非常識すぎる振る舞いに、私は彼らに向かって「恥を知れ！」と、声をあげずにはいられなかった。

ツアーを終え、重い気分のまま街を歩いていると、小さな教会の前で白い服の司祭らしき人物が私に向かって手招きをしてきた。気ままなひとり旅。断る理由もないだろうと、その教会に足を踏み入れた。祭壇の前では、同じような白い服の男性が十人ほど並び、聖歌隊の練習なのだろうか、どこか悲しみを秘めた歌をオルガンの伴奏で歌っている。

手招いてくれた司祭が、

「貴女は、死者の、尊厳を、守ってくれた」

と、現地の言葉で伝えてきた。

「旅の無事を、祈ります」

そう言って彼も聖歌隊に加わると、静かに朗々と歌いはじめた。

カタコンベでの出来事を見ていたのだろうか。そんなことを思いながら、合唱に聞きほれていると――

気が付くと、壇上から彼らの姿が消えていた。どうやらいつの間にか居眠りをしていたらしい。

祭壇の近くに、黒い服を着た僧侶がいたので「聖歌隊の方々にお礼を伝えて欲しい」旨を話すと、彼は不思議そうに首をひねった。

「今日はここには、私しかおりませんが」

狐につままれたような気持ちで、教会をあとにした。

しばらく歩くと、道路の真ん中に立つ、見上げるほど高い見事な彫刻の塔に惹かれて歩みを止めた。その瞬間、体の震えとあふれる涙が、なぜか収まらなかった。調べてみると、それはペスト流行の終焉を祝って建てられた記念碑であった。

忘れることのできない、旅の思い出である。

海の見える部屋

幼いころ、家族旅行で訪れた初めての海外の地は、日本の南方・マリアナ諸島に浮かぶ島「サイパン」だった。

大きなショッピングモールもテーマパークもなかったが、絵葉書のように青く澄んだ海と、豊かな自然に囲まれて過ごした数日間は、子ども心にも異国での非日常感に胸が踊った、貴重な体験であった。宿泊したビーチ沿いのホテルの部屋は、寝室とリビングのあるジュニア・スイートの造りで、いわゆるオーシャンビューの部屋だった。家族そろっての初めての海外旅行に、両親も思い切って奮発したのかもしれない。

リビングの壁一面が大きな窓になっており、そこからパノラマに広がる海を眺めることができた。窓のそばに置かれていたソファは、ベッドにもなる仕様になっていて、更に寝室にはダブルベッドが二台あった。

私と三歳上の姉はどちらが母とベッドで寝て、どちらが海の見えるソファベッドで寝るかで喧嘩になった（いびきがうるさい上にお酒臭い父親と寝るという発想は、毛頭なかった）。結局じゃんけんで負けて、私は姉にソファベッドを奪われた。あれは姉の後出しだったと、今でも信じている。

翌朝目覚めると、海が見えるベッドを独占してごきげんかと思っていた姉が、神妙な顔で私に言った。

「今夜は、あんたがあのベッドで寝ていいよ」

てっきりその夜も「じゃんけんで決めよう」と言い出すと思っていたのにあっさり譲ってくれるとは、姉にしては珍しいなと思いつつ、素直に喜んだ。

たっぷり海で遊んでいざ夜になり、「海から昇る朝日で目覚めるの」などと言っていた前夜の姉と同じように、カーテンを引かずに眠った。

その夜は、なぜか何度か夜中に目が覚めてしまった。灯りが落とされた部屋から望む夜の海は、深すぎるほどの墨色に染まり、独りのベッドがとてつもなく心細く感じられた。そして何度目かに目を開いたとき、まだ暗い窓の外に灰色の影が揺らめくのを視線の端に捉えた私は、その正体を確かめようと体を起こした。

窓の向こうに、同じ帽子を被り揃いの服を着た沢山の男たちの上半身だけが、ずらりと並んで暗闇に浮かんでいた。

ありえない光景に声にならない悲鳴を上げて、私は両親の眠る寝室へと駆け込み叫んだ。

「窓の外に誰かいる！」

そんなわけがあるかと両親は笑い飛ばした。何しろその部屋は三階だったし、両親ともう一度確認したところ、窓の向こうには月も星もない夜の真っ黒な海と空が静かに広がっているだけだった。

「でも、本当にいたんだもん」

納得のいかなかった私は、目撃した男たちについて詳しく説明をした。どんな帽子を被っていたのか、どんな服を着ていたのか。黙って聞いていた父親が、最後にぽつりと窓の外を見つめてつぶやいた。

「あっちの方向には、あの崖があるからなぁ。そういうこともあるかもしれないなぁ」

と——

翌日、父親がレンタカーを走らせて連れて行ってくれた場所が、前夜に父親が話してくれた、戦時中何人もの日本人が追い詰められて身を投げた崖だと知った。バンザイクリフだ。海に向かって祈る両親を真似て、私と姉も手を合わせた。

翌年、テレビを賑わせたニュースで、私はサイパンの夜の海に浮かんだ人たちが誰だったのかを確信した。ニュースは、終戦を知らずに三十年近くもフィリピンのルパング島に潜伏していた元・日本兵の帰還を伝えていた。彼が着用していた兵隊の帽子と服が、私が窓の外に見た人たちとそっくりだったのだ。「あの崖があるからなぁ」とつぶやいた父の言葉が、改めて蘇った。

この話を書くに当たり、私は姉に「サイパンでの夜のこと、覚えている?」と尋ねた。

「二日目の夜に、ベッドを譲ってくれたのは、最初の日にお姉ちゃんも窓の外に何かを見たからじゃないの?」とも。

「えぇー? そんなことあったっけ? 覚えていないなぁ」

とぼけた答えを返してきたが、ちゃっかりした姉のことだ。絶対そうであろうと、今でも信じている。

わたしのおうち

夫の海外勤務に帯同して、三年間ほどアメリカに住んでいた。

元々大の洋画好きであったから、映画の中で見ていた世界で生活できるのが嬉しくて、周囲の駐在員の奥様方が呆れるほどにアクティブに動き回った三年間だったと思う。

米国ならではのガレージセールにもよく足を運んだし、実際に知人と開催もした。要は、自宅版フリーマーケットである。

一般的なアメリカの一軒家には、ビルトインガレージと呼ばれる住居と一体化した屋根付き車庫がついており、そこから道路までをつなぐ、ドライブウェイという来客者の車を停めたり、子供が遊んだりすることができるほどの広さのスペースもある。ガレージセールはそんな場所を使って、洋服やおもちゃ、家具や電化製品などの不用品を個人で販売する。地域によってはタグ（値札）セール、ヤード（庭）セールなどとも呼ばれるが、私が住んでいた中西部の住宅街では、気候のいい春から夏の週末に、よくガレージセールの開催を知らせる案内板を見掛けたものだった。

知人の奥様のご厚意で参加させてもらったある年のガレージセールは、非常に大規模なものだった。十家族ほどが不用品を持ち寄って、その大量の品物を、開催主の豪邸の車三台分ものガレージと、広々としたドライブウェイと前庭のすべてを使って並べて販売をした。

朝早くから訪れるお客さんたちを、時間制で参加家族の奥さんらで対応し、担当時間以外はホスト宅のリビングで、皆で持ち寄った手作りのお菓子をいただきつつお茶などしながら、世間話に花を咲かせた。

賑やかな井戸端話は、やはりガレージセールの話題で盛り上がった。「こんな掘り出し物を買った」「とても信じられないような物が売っていた」などの話が続くなか、

「ちょっと不思議な話があるんだけど」

と、切り出したのは、ガレージセールのホスト、そのお宅の奥様のアケミさんだった。

アケミさんのご主人は現地の方で、彼女はいわゆる「永住組」のご婦人だった。彼女たちの中には我々駐在員の妻である「駐妻組」を毛嫌いする方も少なからずいらしたけれど、心優しきアケミさんは数年で入れ替わってしまう駐妻にも、あれこれアドバイスをくれたり困った際や心配ごとの相談にも乗ってくれる人徳者だった。

そんなアケミさんが日ごろから「大好き」と公言していたのが、隣接する州に住むお姑さん、ご主人のお母さんであるシャロンさんだった。

手作りパイとチョコチップクッキーが最高に美味しくて、キルトが趣味だという正にアメリカのマムといったシャロンさん。数年前、彼女がガレージセールで、アンティークのミニチュアドールハウスを手に入れたときの話だ。

ふらりと立ち寄った近所のガレージセールで、シャロンさんはそのドールハウスを見つけた。英国の伝統的なヴィクトリアンスタイルの二階建てのお屋敷で、大小四つの部屋と屋根裏部屋、それぞれにデスクやソファ、ベッドなどの家具もちゃんとついている立派な代物だった。

シャロンさんは以前から、ドールハウスに興味はあったけれど、気に入ったハウスはどれも高額過ぎて、なかなか手が出せないでいた。そこで、気になる値段を持ち主の家主に尋ねたところ、なんと「五十ドルでいい」と言う。少なくとも五百ドル以上はするだろうと覚悟していたシャロンさんは、二つ返事で購入を決めて、そのドールハウスを大切に自宅へと運んだ。

早速、リビングにドールハウスを飾る。

趣のあるインテリアとして部屋に馴染み、シャロンさんは大層気に入ったのだが——

数日もすると、シャロンさんはそのドールハウスに違和感を覚え始めた。

ドールハウスの中心部には、吹き抜けの玄関ホールがこしらえられており、二階の部屋に続く階段と、左右の部屋を繋ぐ渡り廊下が精巧に造られている。その玄関ホールに、なぜか気がつくと一脚のミニチュアの椅子が倒れた状態で置かれているのだ。

椅子の出どころは、玄関ホールの左隣の部屋に置かれた、ダイニングセットの四脚のうちの一脚だった。英国アンティーク風の、布張りされた座面の水色が鮮やかな木製のダイニングチェア。飴色をした本体は、高級木材のマホガニーで出来ているのか、それともそれに模して着色してあるのか、見た目では分からないほど細密な仕上がりの椅子だった。

そういえば、ガレージセールで最初にドールハウスを見たときも、一脚だけダイニングチェアが妙な位置に置かれていて、直した記憶がシャロンさんにはあった。

人の出入りが多いガレージセールの場でなら、誰かが悪戯して椅子の位置を動かしたなどということもあるだろう。でも、自宅に持ち帰って飾っているのに、何度にもわたってこの椅子だけが動かされ、それも無造作に倒されていることが、シャロンさんには不思議でならなかった。

三人の息子さんはとっくに成人して家を出ているし、ご主人はドールハウスにまるで興味を示していなかった。愛犬のナラは老犬のうえ大型犬だから、十センチにも満たないミニチュアの椅子だけを動かせるわけがない。

（ネズミとかだったらイヤだわぁ）

などと思っていたシャロンさんだったが、その時点では椅子が動く現象について、そこまで深く考えてはいなかった。

事情が変わったのは、アリソンちゃんという女の子をシャロンさんのお宅で預かる機会が訪れてからだった。

アリソンちゃんは、シャロンさんのお宅の向かいに住む、三人家族の七歳になるお嬢さん。アジア系のご家族で、ご両親ともにお医者さんという裕福なご家庭。

その日は、いつも頼んでいるベビーシッターがどうしても都合がつかず、放課後の数時間だけアリソンちゃんを預かってはもらえないかと、ご両親からお願いされた。わんぱくな男子三人を育て、女の子育児に憧れていたシャロンさんはもちろん喜んで引き受けた。

お手製のミートローフで夕食にし、シャロンさんが後片付けをしている間、アリソンちゃんはリビングでひとり大人しく遊んでいた。

洗い物もひと通り終わり、デザートでも食べましょうかとシャロンさんが声を掛けると、アリソンちゃんはドールハウスで遊んでいる最中だった。家に来た直後にドールハウスを見せて「遊んでもいいのよ」と言ってあったし、乱暴には扱っていなかったので問題ないように見えたが、目に入った玄関ホールの様子にシャロンさんは驚愕した。

直したはずのダイニングチェアが、また横倒しに置かれている。そして更に、渡り廊下の手すり部分に、なぜか赤い毛糸が結ばれており、垂らされた先が輪っかの形になっていた。倒された椅子と、垂らされた毛糸。それはまるで、首吊り自殺の現場を、再現しているかのように見えた。

「あらぁ、この赤い毛糸はアリソンちゃんが結んだのかしら?」

動揺を隠しながら、シャロンさんは出来るだけ穏やかにアリソンちゃんに尋ねた。

「……そう」

言葉少なに、アリソンちゃんが答える。

リビングのソファの横に置いてあったバスケットの中には、シャロンさんの編み物の道具が収められていた。赤い毛糸の色と太さには見覚えがある。恐らく、バスケットから拝借したのだろう。でもなぜ、こんな気味の悪い遊びをこの子はするのだろう。シャロンさんが胸の中に抱いた疑問に答えるかのように、アリソンちゃんはポツリと呟いた。

「……こうやって遊ぶのよって、教えてくれたから」

「教えてくれたって、誰が？」

シャロンさんのご主人は、フットボールの試合を友人とパブで観戦するからと言って出掛けている。この家にいるのは、アリソンちゃんとシャロンさんとナラの、二人と一匹だけだ。

シャロンさんは「怖いこと言わないで！」と泣きつきたかったけれど、七歳の子供に向かってそんな真似は出来ないと、冷静を装って無理に話題を変えた。

「アリソンちゃん、キッチンにクッキーがあるのよ。ミルクを温めてあげるから、あっちに行きましょう」

アリソンちゃんがドールハウスに後ろ髪を引かれているのが分かったが、この子をこれ以上関わらせてはいけないと感じたシャロンさんは、強く薦めた。

その後母親が迎えに来て、アリソンちゃんは向かいの自宅へと帰っていった。シャロンさんは、アリソンちゃんがドールハウスに結び付けた赤い毛糸を、縁起でもないからと外そうとしてふと思い出した。

——そういえば、ガレージセールでドールハウスを買った直後にも、こんなことがあったんじゃないかと。

思わぬ掘り出し物を手に入れて、ほくほくとして帰宅したあの日。リビングのサイドテーブルにドールハウスを飾った際、玄関ホールの手すり部分にぶら下がっていた、紐の切れ端のようなものをゴミだと思って取り除いたのだ。思えばあの紐も、首吊り用のロープに見立てられていたものだったのではないだろうか。

知らぬ間に動く椅子。手すりに掛けられたロープ。美しくて芸術的だと感じていたドールハウスが、なんとも薄気味悪いものに思えてきてしまったシャロンさんは、目の付くところに置いておきたくないと、古い毛布でハウスを包んで、ガレージの片隅に仕舞い込んでしまった。

その週末、アリソンちゃんのお母さんが、シャロンさんの家を訪ねてきた。またシッターのお願いをされるのかと思えば、お母さんはにこやかにこう言ってきた。

「お宅に、アンティークのドールハウスがあるんですって？　アリソンがすごく気に入ってしまったらしいの。図々しいお願いだとは思うけれど、譲ってはいただけないかしら？」

もちろん言い値でお支払いするわとお母さんは付け足したが、シャロンさんは
「ごめんなさい。あれね、息子夫婦の預かりものだったの。もうここにはないのよ」

と、嘘をついた。

アリソンちゃんに、あのドールハウスを与えてはいけない気がしたからだ。「そこをなんとか」と、驚くほど強情にアリソンちゃんのお母さんは頼んできたが、シャロンさんは決して首を縦には振らなかった。

「ねぇ、あなた。ここに置いてあったドールハウス、どこかに片付けた？　グレイの毛布で包んで置いておいたんだけど」

数週間ほど経ったころ、シャロンさんはガレージからドールハウスがなくなっていることに気がついて、ご主人に尋ねた。

「ドールハウス？　いや、知らないなぁ」

「まさか、勝手に処分しちゃったりしていないわよね？」

長年庭の芝を刈るのに使用していた手押しタイプのものから、ご主人念願の乗用型の芝刈り機の購入を決め、その場所を確保するために、ご主人は連日ガレージの片づけに精を出していたのだ。

「していないさ。そういえばこのところ、ガレージの近くで、子どもが遊んでいる声を度々耳にすることがあったんだけど、もしかして彼女たちが持って行っちゃったのかなぁ？」

「彼女たち？」

「そう、小さい女の子たちの声だったよ。この辺りにも、お子さん連れの家族が増えたのかな？」

いや、そんな話は聞いていない。ご近所に住むご家庭でお子さんがいるのは、アリソンちゃんのお宅だけだ。公立校ではなくプライベートスクールに通っているアリソンちゃんには「近所で一緒に遊べるお友達がいなくって」と、お母さんが漏らしていた。では、夫はいったい誰の声を聞いたのか。

「その子たちの顔は見た？」

「いや。声は聞いていたけれど、実際に姿は見かけなかったなぁ」

その数か月後、アリソンちゃん一家はお向かいから引っ越していった。シャロンさん宅に挨拶のひとつもなく。

突然の引っ越しの理由が、あのドールハウスと関係しているのではないか、アリソンちゃんは大丈夫だろうか、それだけがシャロンさんの気がかりだった。

ドールハウスは、いまだ見つかっていない。


「盗んでいった犯人も気味悪がって、早々に売り飛ばして、どこかのガレージセールかセカンドショップに並んでいたりしてね」

アケミさんの言葉に、その日ガレージに並んでいた不用品の山を思い出す。おもちゃはたくさんあったけれど、ドールハウスはなかったはずだと安堵する。

「そう考えると、ガレージセールで曰くつきのものを、知らないうちに買っていたってこともあるわけですよね？」

不安そうな顔でひとりの奥様が呟き、お茶の席に一瞬沈黙が訪れた。みなが持ち寄った品の中にも、そんなものがあるかもということか？

「いやだぁ、怖いこと言わないでよ」

と言って笑うアケミさんの顔は明らかにひきつっていたし、同意するようにうなずき微笑む周りの奥様たちの笑い声も、やけに乾いていた。

なんとなく流れる気まずい空気をやり過ごそうと、アンティークのカップに口をつけると、紅茶はすっかり冷めていた。

真夜中の迷路

数多く抱えるトラウマの原因のほとんどが、怪談話やホラー映画からきている私。『花子さん』の学校のトイレ、『お菊さん』や『貞子』の井戸。『貞子』の場合、テレビやビデオテープにも、一時期異常に怯えていたこともあったっけ。特に、洋画ホラーにまつわるトラウマは、なんせ映画オタクなので数多くあげることができる。霧の濃い日には『ミスト』や『ザ・フォッグ』を思い出して震え、緑豊かなキャンプ場では『ジェイソン』はもちろん、『死霊のはらわた』『キャビン・フィーバー』『バーニング』などなど、山ほどあるキャンプ場を舞台にした映画を思い出して夜も眠れない。

そんな私が夫の海外転勤で、アメリカに住むことになったからさぁ大変。何しろ街の至る所に、ホラー映画で見たあんなこんなの光景が溢れているのだから。

巨大ショッピングモールに行けば『ゾンビ』だ！　と、ハイウェイで後ろから大型トレーラーが走ってきたら『激突』だ！　と、ご近所さんがチェンソーで庭木の手入れをしていたなら『悪魔のいけにえ』だ！　と、毎日がホラー漬け。

息子が黄色いスクールバスで登校する姿を見送る際には、『ヒューマン・キャッチャー』を思い出し、「どうかあのバスがモンスターに襲われませんように」と祈る日々。思い返せば、あれはあれでなかなか刺激的で楽しい日々だった。

アメリカ中西部の、都心から離れた郊外に住んでいたので、少し車を走らせれば、広大な土地に広がる畑や牧場の景色を眺めることができた。

果てしなく広がるトウモロコシ畑。これもひとつのトラウマだった。ホラー小説の巨匠、スティーブン・キング原作の『トウモロコシ畑の子供たち』は何度も映像化されているし、『案山子男』シリーズ、先述の『ヒューマン・キャッチャー』にも、トウモロコシ畑は登場する。大人の身長すら遥かに超えて成長したトウモロコシの畑は、いったん迷い込んだら周囲の様子がまるで分からなくなるある種の異界だと私は考えている。

これは、そんなトウモロコシ畑で起きた不思議な出来事の話――

季節は秋。ハロウィーン・シーズンのことである。在米時、私はつたない英語力を少しでも上げようと、近所のご婦人が自宅で開いてくれていた英語の個人レッスンに、週一回通っていた。レッスンの始めはいつも「週末は何をしていたか?」の話題から入った。その日も「先週末はどこかに行った?」と尋ねられ、「パンプキンパッチに行ったよ」と嬉々として答えた私。パンプキンパッチとは、ハロウィン用のカボチャが買える即売所のようなもので、農場や公園などで期間限定で開催されるハロウィンお馴染みのイベントのひとつである。

その週末、我々家族は近隣の農場で開催されていたパンプキンパッチに出掛けていた。ヘイライドと呼ばれる、干し草を運ぶ運搬車に乗って畑からカボチャを選んだ後は、トウモロコシを飛ばすコーンキャノンで飛距離を競い合ったり、ペッティング・ズーで動物と触れ合ったり、アップルサイダー(スパイスの効いたリンゴジュース)を飲んだりと、様々なアクティビティを楽しんだ。

そしてその農場の一番の売りが、全米でもトップクラスだと称する巨大な「corn maze(コーンメイズ)」だった。コーンメイズとは、文字通りトウモロコシ畑の中に造られた迷路であるが、何しろそこはアメリカ、規模がとんでもなくデカいのだ。「十五分ほどあれば出られるだろう」だなんて気楽に入ったら、実際に脱出するまで一時間を要した。歩けども歩けども、見上げるほど高い緑の壁から出られずに、このまま日が暮れてこの場所に取り残されてしまうんじゃないかと泣きそうになるほどで、スケールが大きいという域を超えて、もはやクレイジーなアトラクションだった。

なんて話を、先生であるミセス・アレンにしたところ、「それって、もしかして○○・ファームのコーンメイズかしら？」と牧場の名前を出してきた。「そうだ」と答える私にミセス・アレンは、

「あそこのメイズでね、ウチの息子がクリーピーな体験をしたのよ」

と、思わせぶりな口調で語りはじめた。コーンメイズで起きた『creepy＝薄気味の悪い』話を――

ミセス・アレンの高校生の息子さんは、ある夜、その農場が開催していたコーンメイズの夜間版「ナイトメイズ」に友だちと出掛けた。大人限定の「ナイトメイズ」なるイベントがあることは、農場に出ていたサイン（看板）で知っていたが、昼間でも散々迷って出られずに恐怖に陥った巨大迷路へ、周囲が暗くなる夜間に挑戦しようだなんて物好きがどこにいるのかと思ったら、意外にも身近にいたというワケだ。実際「ナイトメイズ」はティー

ンの間では大人気で、週末には入場待ちの列が出来ることもあるらしい。

ミセス・アレンの息子さん・マシューは、ハイスクールの友人三人で、そのファームのナイトメイズを訪れた。懐中電灯を片手に、いざ迷路へと向かうが、何しろ暗いうえに、延々と続く背の高いトウモロコシの壁に囲まれた同じような道を歩いていると、わずか数分で元来た道さえ分からない状態になってくる。

仮装用の恐ろし気なマスクが装着された案山子が、道のそこかしこに立っていたり、カセットデッキで不気味な音楽が流されていたりの仕掛けも、最初のうちはワイワイと楽しんでいたけれど、三人は次第に終わらない迷路に心細くなっていった。

「おい、もう十一時をとっくに過ぎてるぞ」

友人のひとりが、不安げな声を上げた。気が付けば、メイズに入ってから既に二時間近く経とうとしていた。メイズは十一時には閉まる旨が、入口で書かれていたはずだ。急がなければと、三人は焦り始めた。

「あ、誰かいる」

懐中電灯で照らした先に、マシューは人影を見つけた。麦わら帽子に、チェックのシャツに黄土色のオーバーオール姿の老人。この農場の人だろうか。だとしたらありがたい。

出口への近道を知っているかもしれないと、「Hi」とすぐさま声を掛けた。すると老人は、迷路に難儀するマシューたちの様子を察したのか、

「Turn Left（左に行け）」

とだけ不愛想に呟いた。礼を言って老人の横を通り過ぎる際、彼の後ろに小さな女の子が隠れているのが目に入った。この土地での十月の夜には寒いだろうに半袖のワンピース姿で、細い手足を夜風に晒している。胸元に抱いている人形のようなものは、トウモロコシで出来ているノスタルジックな代物だった。じっとマシューたちを見送るだけで、少しの笑顔も見られない。

迷路の演出だったのかと思ってしまうくらい、謎めいた老人と孫娘かと思われた二人だったが、マシューたちは素直に従って左へと進んだ。しかし、いくら進んでもトウモロコシの道は切れることがない。T字路に差し掛かったところで、

「Turn Left」

マシューたちの背後から、声が聞こえてきた。振り返り、懐中電灯を向けると、先程の老人と少女が光の輪の中にぼうっと立っている。

「……Thank You」

お礼の言葉は口にしたけれど、マシューの頭には幾つもの疑問符が浮かんだ。あの二人は自分たちのあとをつけてきたのだろうか？　いや、足音は聞こえなかったはずだ。それに、懐中電灯も持っていなかったみたいなのにどうやって？　隣を歩く仲間たちも奇妙に思っているのか、三人とも無言のままだんだんと小走りになっていく。

再び道が、二手に分かれた。

「Turn Left」

すぐ後ろで声が聞こえる。マシューは振り返ることなく、仲間に告げる。

「右に行こう」

頷いた仲間たちと共に、老人の言葉を無視して右折して駆けだした。

「Tuuuuuuuurn Leeeeeeeeft !!!」

指示に従わなかったことに腹を立てたのか、老人とは思えないような声量の怒号が三人の背中を追ってくる。そこへ——

バンッッッッ
轟く重低音と共に、背後から驚くほどの光が浴びせられ、思わず振り返った。まぶしさに目がくらんだが、目が慣れてくると、逆光に黒く浮かび上がるトウモロコシの茂みの向こうに、ライトを灯し機械音を唸らせている巨大な影が見えた。収穫用のコンバインだ。

「やばい！　走れっ!!」

刈られる。このままでは刈られてしまう。命がけで走る三人を、マシンの回転音がひたすら追い続けてくる。走っても走っても、それでも出口は見つからない。

「ダメだ！　このまま突っ切るぞ!!」

迷路の道に従っていては、きっと永遠にここから抜け出せない。トウモロコシの茂みをまっすぐに突き進んでいけば、いつか畑の外にたどり着けるはずだと、マシューは先陣を切ってトウモロコシの中へと飛び込んでいく。まるでジャングルの中を突き進んでいくように、行く手を阻むトウモロコシをなぎ倒しつつ、ひたすら先を目指す。何度か方向転換をしたにもかかわらず、コンバインの光と音は執拗に彼らをつけ回す。

「うわぁぁぁぁぁっっ」

いきなり視界が開け、目の前からトウモロコシが消えた。勢いあまった三人が地面に倒れ込むと、

「……あれ？」

辺りは静まり返り、夜の農場の穏やかな風景がただ広がっているだけだった。執念深く

追いかけてきたコンバインのライトはいつの間にか消え、音ひとつしない上に影も形も見られない。

「……とにかく、車に戻ろうぜ」

少しでも早く、落ち着ける場所に行きたいと、三人はトウモロコシの迷路の外周を辿りながら、入口を目指した。


「おーい、まだいたのか。そろそろ閉めるぞ。早く帰れ、坊やたち」

見覚えのある場所にまでたどり着いたとき、携帯用のランプを手にした身体の大きなひげ面の男が、三人に向かって陽気に話しかけてきた。農場の関係者のようだった。

「坊やたちで最後だな。どうだ、迷路は楽しめたか」

殺されるかと思ったほどなのに冗談じゃないと怒りたかったが、マシューは取り敢えず気がかりだったことを彼に伝えた。

「まだ中に、お爺さんと女の子がいます。あの人たちは、ここの農場の人ですよね？」

「はぁ？」

ひげの男は、何を言っているんだとでも言いたげに目をむいた。

「ここは俺の農場だ。ウチには坊主は五人もいるが、女の子も爺さんもいない。それに夜の迷路に、子供連れの爺さんを入れるわけがないだろう。迷われでもしたら大問題だ。なんだお前たち、もしかしてドラッグでもやっているのか？」

薬どころか、アルコールすら口にしていない。そんな風に疑われるのは心外だったが、

「ほら、帰った帰った」

ひげの農場主に追い立てられるようにして、三人は車を停めてある広場へと向かった。広場では、もうひと組の若者のグループがまだ残って雑談を交わしていた。

「Hi!　どう？　楽しんだ？」

目が合ったひとりの女子に声を掛けられ、マシューは答えた。

「とんでもない。コンバインで追いかけ回されるだなんて、シャレにならないよ」

「は？　何だそれ。俺たちが回ったときは、そんなんなかったぞ」

まるで心当たりがない様子の彼らに、マシューたちは食い下がる。

「ここにいたって音ぐらい聞いただろ？　でかいコンバインのモーター音を。じゃなきゃライトは？　目がつぶれるんじゃないかってくらい、明るいライトなら見えただろ？」

マシューたちに返ってきたのは、彼らの怪訝な視線だけだった。

「……じゃあ、女の子とお爺さんに、中で会わなかった？」

回答は想像がついたが、マシューは念のため最後の質問をした。

「誰にも会ってねぇよ。ていうか、この迷路の中にあったのは、ボロい案山子が何体か立っていただけだろ？」

おかしな奴らだなと笑われながら、マシューたちは黙って車に乗り込んだ。

「……でも、俺たちは見たよな」

三人は頷きあって、夜の迷路をあとにした。


「って、こんなことがあったのよ。貴女は怖い思いはしなかった？」

「ウチの家族は平気だったわ。まあ時間も昼間だったしね」

ミセス・アレンの話は、自分も最近訪れた場所での出来事だっただけに臨場感があったが、とにかく自分と家族の身に何事もなかったことに安堵して、私はその日のレッスンを終えた。

しかし、車で自宅に向かう道すがら、ふとコーンメイズに出掛けた日のことが思い出された。巨大な迷路をさまよい、出口を探す途中に、何度か息子がこんなことを言ってこなかったか？

「ねぇ、あの女の子と男の人に聞いてみようよ」

背後を振り返り、指さす息子の視線の先を見ても、そんな人影は見当たらなかった。もしかして、あれは——

翌年のハロウィンでも再びこの農場を訪れたが、もちろん迷路には入らずパンプキンパッチのみを楽しんだ。

「君子危うきに近寄らず」だ。

ダレニシヨウカナ

高校の同級生である文恵と再会したのは、卒業二十周年を記念した同窓会の場であった。学生時代は、華やかで目立つグループにいた文恵とはほぼ接点がなく、話す機会も少なかったのだが、同窓会の席でお互い十年以上同じバンドのファンであったことが判明し、一気に距離が縮まった。それからは、バンドのライブに一緒に行って飲んだり食事をしたりと親しく付き合うようになり、お互いの家庭の話、時には学生時代の思い出話を懐かしく語った。

その夜も遅くまで、私と文恵は昔話に花を咲かせていた。

「あのころの文恵は近寄りがたかったなぁ。いつも、いかつい男子をはべらせて派手な遊びをしていたからね」

「そういうあんただって、『貴方たちみたいなバカとは付き合えません』みたいな顔でこっちを見てきて、怖かったんだからね。お互いさまでしょ？」

二十年という月日が、思春期のころの何かととんがっていた自分たちを丸くしてくれたのだろう。互いの過去を笑い合えるようになったのも、嬉しかった。

「でも……、確かにあのころは、調子に乗ってバカなことをしすぎたかも知れないな」

それまで面白おかしく昔話で盛り上がっていたのに、文恵の声がいきなり暗くなった。

「いわゆる『若気の至り』ってやつでしょ？　そんなのは誰にでもあるよ」

今の言葉でいえば「黒歴史」か。思い出すだけで赤面するような、穴があったら入りたくなるような、そんな過去のひとつやふたつは誰にだってあるはずだ。

「確かに、全部の思い出が、笑い飛ばせるような話ならいいんだけど……」

いったい文恵は何をそんなに後悔しているのだろうかと考えた。煙草？　飲酒？　さすがに今更それはさほど悩むことではないだろう。だとしたらドラッグ？　援交？　若気の至りと呼ぶにはヘビーな過去を告白されたらどうするべきか、と思いを巡らしていると、

「……実はずっと、引き摺っていることがあるんだよね。聞いてもらえる？」

少しの沈黙のあと、文恵がそう切り出した。見たこともない真剣な友の表情に、私は膝を正して頷かざるを得なかった。

「高三の夏休みが明けたころからかな、よく仲間と週末にドライブをしていたんだよね」

思えば、随分と自由な校風の学校であった。校則で免許の取得が禁止されていなかったので、興味のある生徒は十八歳の誕生日を迎える生まれ月が近づくと、教習所に通って免許を手に入れていた。中学から大学までの私立の一貫校であったため、内部進学で大学に進む生徒は受験勉強の必要もなく、存分に高校生活を満喫することが可能だった。文恵が属していたグループの仲間たちも内部進学組だったから、週末ごとのドライブを楽しむような余裕があったのだろう。

「湘南とか横浜とか、結構あちこち行ったんだけど、普通の遊び場は段々飽きてきちゃって。怖いもの見たさで、幽霊が出るって噂の『心霊スポット』みたいな場所にも行きはじめたの」

今の時代ならネットで検索すれば、全国津々浦々の心霊スポットが瞬時に出てくるだろう。しかし、ネットもスマホもないあの時代でも、そういった情報は人々の噂から知り得ることが出来た。「あそこ、出るんだってよ」などというまことしやかな話を、兄弟や友だちや先輩から聞かされた者は、恐々と、若しくは嬉々として、更にまたその噂を学校や塾、バイト先などの別の場所で話し、それらは口伝えに広められていく。

「廃業したホテルやレストランの跡地とか、閉鎖されたトンネルとか。真夜中に、懐中電灯持ってね。尋常じゃないでしょ?」

「んー、まあね」

苦笑い気味に同意する。実はあのころ、文恵たちの「心霊スポット巡り」についても知っていた。私が仲の良かった女子が、文恵たちのグループの竹中という男子に片思いをしており、彼女に、「竹中君に今度一緒に心霊スポットに行こうって誘われたんだけど、どうしたらいいかな?」と、相談されたことがあったからだ。

「言っとくけど、あいつらがやっている廃墟や私有地に勝手に立ち入る行為は、不法侵入で罪になるからね。捕まりでもしたら、お母さん泣かせることになるよ」

正直に意見を述べたところ、外部受験を考えていた友人はさすがに慎重で、実際には彼らの心霊ツアーには参加をしなかったのだが。

「今にしてみれば、刺激が欲しかったんだと思うんだ。けど、結局どこも暗かったり古かったりちょっと薄気味悪かったりするだけで、特に怖い思いをすることはなかったんだよね。だから、もう飽きもきてたし、心霊スポット巡りは今回で終わりにしようか、なんて言って探検しに行った場所でね、ついに」

身を乗り出すようにして、文恵が囁いた。

「起きたのよ、心霊現象が」


そのころ、文恵は既に大学生になっていた。以前なら、車二台で十人近いメンバーでわいわいと出掛けていた心霊スポット巡りだったが、その日はバイトやサークル活動を理由に来なかった仲間が多く、文恵を入れて四人しか集まらなかった。メンバーのひとりの拓馬という男子が「サークルの先輩から聞いた」という目当ての廃工場へは、彼の軽自動車で出掛けることになった。

時刻は深夜十二時を回り、行き交う車も既にない工業地帯の道を走り到着した場所には、想像よりずいぶんと大きな建物がそびえていた。周囲に街灯や照明設備の類はなく、軽自動車の小さなヘッドライトの灯りだけを頼りに工場を見上げる。ぼんやりと暗がりに浮かぶのは、鉄筋コンクリートの建造物で、窓の数からすると五階建ての高さがあった。

早速「入ってみようぜ」となったが、持参したのはごく普通サイズの懐中電灯が一台だけだったので、四人は二組に分かれて交代に探索しようと決めた。ちょうどその日参加していた四人は、二組のカップルだったこともあり、懐中電灯一本で、どちらのペアがより長い時間廃墟の中で耐えられるかを競おうと、誰とはなしに言い出した。

先攻は、文恵の親友・加奈子と拓馬の二人。文恵と当時の彼氏の徹は車中で待機して、車のヘッドライトで、懐中電灯だけでは頼りない光量を外から補いつつ、タイムを計測するという手順だった。仲良く寄り添いながら「じゃあ、行って来るわ」と、建物の中へと消えていく加奈子と拓馬。徹が腕時計のタイマーで、経過時間を計り始める。しばらくすると、工場の窓から洩れる懐中電灯の小さな光の点が二階の窓に確認できた。

「おお、あいつら二階まで登ってるよ。やるな」

「じゃあうちらは上まで行っちゃおうよ。ていうかコレ、後攻の方が絶対得だよね」

小さい女の子や、白い服を着た女性の霊が多数目撃されているという現場に無断で立ち入っていたにもかかわらず、文恵と徹は畏怖も罪の意識も感じることなく、まるでゲーム気分ではしゃいでいた。

「あれ？」

先に異変に気付いたのは、徹の方だった。

「俺たちのほかにも、誰か来ているのか？」

文恵も徹と同じように、目を細めて建物の様子を見上げた。

二階の窓に灯る光と同じような白黄色の点が、三階の窓に揺れている。

「何あれ？　なんだか増えてない？」

三階だけではない。四階、五階の窓にも、ひとつ、ふたつと光の点が増えていく。

「おかしくないか？　ここに着いたとき、この車しか停まっていなかっただろ？　あいつら歩いてこんなところまで来るなんて、あり得なくないか？」

光の点はゆらゆらと揺らめきながら、最上階の五階の窓へ集まっていくように見えた。

二階でひとつ灯っていた、加奈子と拓馬の懐中電灯の明かりもそれに従うかのように移動していく。

「ねぇ、まずいんじゃない？　二人を上に行かせたら」

最上階で、ひとつに集まった光が何を意味するのかは分からなかったが、それが安全な物だと分かるまでは、二人が光の場所に合流するのは危険だと感じた。

「だよな」

徹も得体のしれない光に、不安を覚えたのだろう。短くファンファンと、軽く二回クラクションを鳴らした。二人がこの音に気付いて、戻ってきてくれればと願いながら、工場

の窓に揺れる光を見つめていると、

「あれ？　消えた」

ふっと一斉に、光の点が消滅した。すると――

『ぎぇあああああああああああああああ――』

いきなり頭上から、空気を切り裂くような咆哮にも近い叫び声が降ってきた。

「な、なに!?」

息を飲み、文恵は徹に縋り付いた。狂ったような絶叫は、女の金切り声にも男の怒号のようにも聞こえ、加奈子と拓馬に何かあったのではと震えが走った。

助けに行かなくては――。運転席の徹を見やると、同じ思いだったのか黙って頷き返してきた。文恵が助手席のドアノブに手を掛けると、

「わぁぁっ」

短い叫び声をあげた徹の視線の先に、文恵は見た。黒い影が、建物からゆっくりと落下してくるのを。

――ゴッッ
鈍い衝撃音が響いた。誰かが工場の上階から落ちた。いや、落とされたのか？　事故な

のか、自殺なのか、とにかく誰かが落ちてきた。

ヘッドライトが照らす先の地面には、落下した身体らしきものは見えない。もっと建物の近くまで行かないと、判別できないのか。もし、横たわった身体が加奈子か拓馬のものだったらどうすればいいのか。いくつもの思考が脳内を巡り、文恵も徹も車内で身動きもできずに固まってしまっていた。すると、

「あーらら」

唐突に、誰も座っていないはずの後部座席から、ため息交じりの低い声が聞こえてきた。まるで目の前で誰かが落ちたのが、文恵と徹のせいでもあるかのように。

「いやあぁぁぁぁぁ」

「うわあぁぁぁぁぁ」

二人ほぼ同時に、ドアを開けて外に転がり出た。

「誰!? ねぇ! 今の声、誰っ!?」

「知らねぇよ! 何なんだよ、もう!」

パニックになりながらも、恐る恐る車外から後部座席を覗くが、そこはもぬけの殻だった。

「……誰もいないじゃん」

「じゃあさっき聞こえたのは、誰の声だったって言うんだよ」

「そんなの私にだって分かんないよ！」

言い合いをしている場合ではなかった。一刻も早くここから立ち去りたい。それにはまず、加奈子と拓馬の無事を確かめなくては。

「ねぇ、それよりさっきの……」

「お、おう……」

すべてを言わなくとも、徹には伝わっているようだった。目の前を落ちていった人影のようなもの。その正体を確認するために、文恵と徹は腕を取り合ってにじり寄るようにして、ヘッドライトが照らすその先へと進んでいった。

「……何も、なくない？」

「……おかしいな」

辺りを見回しても、ヒビの入ったアスファルトの地面が広がるだけだった。確かに、大きな音と共に、目の前に何かが叩きつけられるように落ちてきたはずなのに。

その瞬間、辺りが闇に包まれた。周囲を照らしていた唯一の光源だったヘッドライトが、いきなり消えたのだ。

「うおぉぉぉぉぉぉ」

「やだやだやだやだもうっ！　なんなのっ!?　なんでいきなり消えたのっ!?」

視界を暗闇に奪われ、触れ合うことでしか相手の居場所が確認できない状態となった文恵と徹は、互いに縋り付いて声を上げた。

泣いても叫んでも明かりは灯らない。為す術《すべ》もなく、二人はへなへなと膝から崩れ落ち、その場にしゃがみこんだ。すると、

「おまえら、いきなりライト消すなんて、何シャレにならないことしてんだよ」

あまりにも状況にそぐわない、聞き覚えのある明るい声がした。

「……拓馬!?」

目を向けると、懐中電灯の小さな灯りで足元を照らしながら、こちらに向かって来るふたつの影が見えた。

「ホント。あんたたちのときも、悪戯してやっからねぇ」

「加奈子ぉーっ！」

二人とも無事だった。安堵するあまり文恵の両眼からは涙がぽろぽろと流れた。

「違ぇよ！　悪戯なんかじゃないって！　突然勝手に消えたんだって！」

「はぁ？　何言ってんの、おまえ」

反論する徹に呆れた声を返した拓馬は、ごく普通に自分の車の運転席の中を覗いた。

「ライト、オフになってんじゃん」

いとも簡単に、再びヘッドライトが灯された。拓馬の言葉に、「……嘘だろ？」「……嘘でしょ？」と、文恵と徹は同時に呟いた。

「そんなはずあるかよ。ライトが消えたとき、俺たちはお前らの様子を見に、車の外にいたんだぜ。なのにどうやって、スイッチをオフにできるんだよ！」

「絶対、車の中に誰かいるんだって！　そいつがやったのよ！　いきなり私たちに声かけてきたんだから！」

文恵と徹の必死の訴えに、ようやく悪戯ではないと分かったのか、

「なぁ、いったい何があったんだよ。落ち着いて最初から話してみろよ」

そう拓馬に促され、二人はこれまで見聞きした奇妙な出来事をつぶさに話した。

「ていうかそれ、お前ら二人して変な夢でも見たんじゃね？」

話を聞き終えた拓馬は、「解せぬ」といった顔つきで頭を掻いた。拓馬たちは、文恵た

ちが聞いた叫び声も衝撃音も聞いていなかった。アトラクション気分で二人で建物の中を探索していたら、文恵と徹の騒ぐ声が聞こえてきて、「どうせ、自分たちを脅そうとしているのだろう」と無視して歩き続けていると、不意にヘッドライトが消えて周りもよく見えなくなり、さすがにこれは危ないなと思って出てきたのだという。

「それに」

更に拓馬は、驚くべきことを言った。

「俺たちが回っていたのは、一階だけだぜ。窓はあるけど中は吹き抜けになっていて、階段は封鎖されていたし」

では、あの上階へと昇って行った幾つもの光は何だったのか？　叫び声をあげて落ちてきた人影の正体は？

「もちろん、他に誰もいなかったぜ」

拓馬の言葉に、文恵と徹は絶句するしかなかった。

その後、「ついに心霊現象が起きた」とはしゃぐ拓馬と加奈子を「一刻も早くここから立ち去ろう」と、怒ったり泣いたりして説得し、四人は廃墟をあとにした。不気味な現象が起きた車には、これ以上乗りたくはなかったが、置き去りにされても困るので、最寄りのファミレスまで送ってもらい、文恵と徹はそこで始発を待って帰宅した。

「ホント、バカなことをしたと思ってる」

そこまで話し終えた文恵に、私は曖昧に微笑んだ。正直なところ、よく聞く話だと思った。悪ノリで心霊スポットを訪れて痛い目を見る人たちに対しては「自業自得だ」としか思えない私には、「そりゃ怖かったねぇ」と軽く流すしか出来なかった。文恵も反省しているようだし、もうこれも時効の話だろう。そう思っていたのだが——

「あんな場所に行ったせいで、その日以来おかしな夢を見るようになったの」

ここからが本題だとばかりに、文恵がより真剣な顔つきでこちらを見つめてきた。

夢の中で、文恵は逃げ出した廃工場の前にひとりで立っているという。そしてあの日の出来事が、録画された映像の様に繰り返されるのだと。揺らめく光の点がひとつになり、闇を切り裂く絶叫が聞こえ、頭上から人影が降ってきて、目の前で地面に激突する。

「夢の中ではね、そこから更に続きがあるの」

文恵の夢の話は続く。地面に倒れていた人影が、ゆっくりと起き上がる。黒いシルエットは、人間の形を成してはいるが、顔も性別も分からない。影は奇妙に左右に揺れながら、文恵に近づいてくる。立ち尽くす文恵の背後からは、「あーらら」「あーらら」「あーらら」と、車の中で耳にした声が幾重にも重なって聞こえてくる。

「うるさいっ！」

そう叫んで振り向くと、非難がましく声を上げていた人たちの姿が視界に入る。どれもみんな、文恵の見知った顔だった。徹や加奈子を始めとした友だちに、先輩、後輩、先生、家族や親戚、文恵が好きだった芸能人の姿まで。彼らがまるで年末の第九コンサートの合唱団のようにずらりと並んで、

「あーらら、いーけないんだ、いけないんだ」

と、悪さをするとはやし立てられて歌われたメロディを、繰り返してくる。そして、

「ダレヲコロス？」

文恵の耳元で、しゃがれた声がそう尋ねてくる。いつの間にか黒い影がすぐそばにまで来ていた。真黒な顔の口の部分だけが裂け、白い歯と赤い咥内が生々しく覗いている。

「ダレヲコロス？」

もう一度、同じセリフで問い掛けられる。こんな恐ろしい質問に答えられるわけがないと、文恵は口をつぐむ。すると、

「ヒトリエラベ。ダレヲコロス？」

影は、更に文恵に選択を迫ってくる。夢だと分かっていても、並んだ友人知人の中から、誰かひとりに死の宣告をすることなどできずに、固く口を結んだまま、文恵は首を横に振って回答を拒否する。

「エラバナケレバ　ゼンイン　コロス」

感情のない声が、逆に恐怖を倍増させる。耐えきれず、文恵は抵抗の声を上げた。

「やめて！」

「ナラバ　エラベ」

最終通達のように、影が告げる。それでも答えられないでいた文恵に、異常が起きた。

「息が出来なくなってくるの。ううん、正確には息を吸うことしかできなくて、吐けなくなるの」

その状況を想像する。口からも鼻からも排出することができずに、体内に溜まっていくだけの空気。なんとか吐き出したくて口を開いても、その度に自分の意志とは関係なく空気が肺に流れ込んでくる。何度も、何度も。それはきっと、水責めにも似た苦痛だろう。

「苦しくて、頭がぼおっとしてきて、もうこれ以上は耐えられないと思った瞬間、夢の中の私は叫んじゃうのよ。誰かひとりの名前を」

最初の夢で、文恵が名前を呼んだのは、彼女の幼稚園の園長先生だった。年配のご婦人だったからなのか、厳しくて怖い思い出しかなかったからなのか、無意識のうちに先生の名を叫んでいた。

「さすがに夢見が悪くって、母親の知り合いだったからすぐに確認してもらったの。『先生はお元気ですか？』って。そしたら『変わりありません』って言うじゃない」

夢で選んでしまった人が、本当に殺されるわけではないと安堵した文恵だったが、しばらくしてまた同じ夢を見る羽目になった。以来、数週間おきくらいに何度も。

「いつも、同じシチュエーションの夢なの。違うのは、最後に私が呼ぶ誰かの名前だけ」

実際に誰かが傷つけられているわけではないとはいえ、気味の悪い夢が繰り返し続くのは勘弁してほしかった。

「月に一度くらいならって思うでしょ？　でもそれが、積もりに積もって二十年だからね。確実に、二百回以上は見ているのよ」

あの夜とこの夢以外には奇妙な体験など一度もしたことがないと文恵は言う。それでも、心霊スポットを訪れた時から、もう二十年以上に渡って同じ夢を見ているのだと。

「もちろん、徹や加奈子たちにも確認したわ。でも彼らはそんな夢なんて見てないって言うのよね。なぜか、私だけなの」

　時を経て、夢の中に並ぶ顔ぶれは変わっていっているらしい。古い友人、知人に並んで、新しく出会った人たちも追加されていく。そして、ご主人や子供たちの、文恵が築き上げてきた家族の姿も。

「子どもの姿が、選べと言われた列に並んでいたのを見たときには、正直狂いそうになったよ。人間って自分が死ぬことより、大切な人を傷つけるぞって脅される方が、耐えられないんだなって分かった」

　文恵も私も二児の母親だ。その気持ちは、痛いほどに伝わった。夢の中だとは言え、「この中からひとりを殺す」と並べられた中に我が子がいたらなんて、考えるだけでも身を引き裂かれそうだった。

「……でも、夢に見るだけで、実際には害はないんでしょ？」

　慰めのつもりでそう言ったけれど、文恵の顔は更に曇る。

「そう思っていたのよ、最初のうちは……」

　ヒトリエラベ、そう夢の中で言われて文恵が告げた名前に、会社の先輩社員を上げたことがあった。翌日、その先輩は左手首に包帯を巻いて出社してきた。「転んで捻って痛めた」と言って。その次の夢では、上司の男性社員を選んだ。前日までピンピンして、部下を叱り飛ばしていたその上司が、夢の翌日には急な発熱とやらで三日間欠勤した。

「それがただの偶然ではなくて、死んじゃうまでには至らないけれど、名前を呼んでしまった人たちに、何かしらの現象が起きているような気がしてきたの」

今までは、しばらく疎遠になっている人たちの名前を挙げていたから気が付かなかっただけで、毎日会うような身近な人の名を呼んでみたところ、彼らが夢の翌日に何らかの不調をきたしているようだというのだ。

「指の怪我だとか、風邪をひいたとかの程度だったら、まだいいんだけど」

なんと、名指しした人物が翌日盲腸で入院したり、全治数か月の交通事故にあったりしてしまったこともあったのだという。

「なんだか、だんだん被害が大きくなっているような気がして」

そう言って、文恵は大きくため息をついた。

「いつか本当に、誰か死んじゃったらどうしたらいいんだろうって思うのよ。ホント、どうして私ばっかり、いまだにあの場所に捕らわれているんだろうね。同窓会でも、徹も拓馬もあの夜のことを笑い話みたいに話すし、加奈子なんて覚えてもいなかったのに」

何しろ二十年以上も前の話だ。現場の廃工場は既に解体され更地になって、今ではもう商業施設が立ち並び周辺は立派な住宅街になっているという。なのに、文恵の悪夢はいまだに続いているのだ。

もし、名前を呼んだ誰かが実際に死んでしまったら。もし、選べと言われた人物が大切な家族だけになってしまったら。

文恵の不安は尽きない。

「あのとき、冷やかしであんなところに行かなかったら、こんなにいつまでもクヨクヨ悩まなくても済んだのにね。ホント、バカなことしたわ」

文恵だけが、そんな夢を見続ける理由は分からない。彼女の深層心理に関わることなのか、はたまた呪われた地の因縁めいたものに、彼女だけが呼応してしまっているのか。

「最近さ、御朱印めぐりを始めたの。こうなったら神にでも祈ってみようかって」

そんな状況にありながらも前向きな文恵には感心したが、

「うん、そういうのって大切だと思うよ」

一番聞きたかったことは口に出せずに、私はただ相槌を打つのだった。

ねぇ、文恵。その夢に、私も出てきている？　――と。

白い顔の女

二人が別れたとの噂を人づてに聞いた直後、当の本人から連絡があった。電話じゃなんだから会って話そうと、私は愛結《あゆ》を飲みに誘った。

愛結も、別れた彼氏の広輝《ひろき》も私の共通の歳下の友人であり、出会いは都内のダイビングショップだった。ショップを利用する客の年齢層のメインは、二十代から四十代と実に幅広く、この店のおかげで職業や年齢の違う友人と多数知り合うことが出来た。

結婚して子供が生まれ育児に奔走するうちに、海からは遠ざかってしまったけれど、友人たちとの付き合いは新年会や忘年会と、年に数回は続けていた。知り合ったころはまだ大学生だった愛結と広輝の二人も、早いものでアラサーと呼ばれる年齢に差し掛かっていた。そろそろゴールインの報告が聞けるのではないかと思っていた矢先に、飛び込んできた破局の知らせ。一方的に別れを告げられたという愛結は、さぞかし落ち込んでいるだろ

うと思っていたら、

「広輝があんな情けない奴だとは思いませんでしたよ。別れてマジ正解」

と、週末に誘い出したワインバーで、鼻息荒く語りだした。

交際期間も五年を超え、そろそろ結婚を考えてもいいんじゃないかと先に提案したのは、愛結の方だった。快活で行動的な愛結とは反対に、おっとりとして物静かなタイプの広輝は、いつも愛結に先導されつつニコニコと後からついてくるイメージがあった。実際、デートも旅行もほとんどの場合愛結が計画をし、彼はそれに賛同するのが常だった。

もともと愛結は、あれこれ調べたり計画したりするのが得意だし好きだったので、その点に関しては特に不満はなかった。しかし、結婚の提案もいつも通りに、広輝が「いいね」と賛成してくれるとばかり思っていたのに、「……それは、もうちょっと待って」と何度も回答を先延ばしにしてきたことが、愛結の機嫌を損ねた。

お互い健康だし、仕事だって順調。都内の親族が経営する会社に勤める広輝には、転勤の心配もないはずなのに、いったい何が問題なのかと愛結は広輝を問い詰めた。すると広輝は言いにくそうに、

「……実家が、許してくれないと思う」

などという理由を口にした。これが更に、愛結の怒りに火をつけた。

「あり得ないと思いません？　私、広輝の両親に会ったこともないんですよ？　それなのに会う前からどうして、『許してくれないかも』だなんてことになるんだよって話ですよ」

酔いと怒りで真っ赤になっていても、愛結は充分魅力的な女子だった。明るくて社交的で、その場に彼女がいるだけで一気に華やかになるのは、一種の才能ともいえるだろう。

常識も知性も品格もあり、両親から大切に育てられているといった印象もあった。少々気が強すぎる面もありはしたが、「どこに出しても恥ずかしくないお嬢さん」として申し分ないのではないかと、歳上の友人として思っていたのだが……。

「『一応、説得してみるから待ってくれ』って、広輝も最初は言っていたんですけど」

『一応』だなんていうのも、ずいぶんと酷い話だ。真面目で、誠実なイメージのあった広輝から出た言葉とは信じ難かった。

「半年ほど待たされて『やっぱり無理だった、ゴメン』ですって。なんかもう、情けなくなっちゃって」

いい歳をして、両親の言いなりになっている広輝に愛想が尽きかけたころ、先に広輝の方から「これ以上一緒にいても、愛結を傷つけるだけだから」と別れを切り出され、交際に終止符を打つ決意に至ったのだという。

「先に言い出さなかったせいで、なんだか私が広輝に捨てられたみたいになっちゃって、めちゃくちゃ不本意なんですけど。でも彼の両親が、そんな独裁者みたいな人たちだったなんて、結婚する前に分かってむしろ良かったと思うしかないですよね」

そんな風に前向きな姿勢で考えられるのならば、またすぐにいい人に出会えるはずだよと、私は愛結を励まし、グラスを重ねてその夜はとことん彼女に付き合った。


愛結の話だけを聞けば、圧倒的に広輝の不甲斐なさに腹が立ったが、男女間のトラブルは当人たちにしか分からない繊細な部分もあるはずだ。機会があれば、広輝の言い分も聞きたいと思っていたところに、やはりダイビング仲間である西野君から「広輝も交えて飲みませんか?」の誘いの連絡があった。

西野君は広輝の大学の同級生。二浪していたので広輝よりは歳上だったけれど、二人は兄弟のように仲が良く、ダイビングを始めたのも西野君が広輝を誘ったことがきっかけだった。西野君にしても、愛結と広輝の二人を長年見てきたわけだから、今回の件に関しては複雑な思いがあるのだろう。などと思いながら、私は約束の居酒屋へと向かった。

わずか数か月会っていなかっただけで、広輝は人が変わってしまったように生気のない人相になって、驚くほど痩せた姿で、西野君に連れられて現れた。

「ちょっとあんた、ちゃんと食べているの？　いっぱい注文しなよ」

そう言っても力なく笑うだけで、ホットの烏龍茶などを頼んでちびちびと口をつけている。広輝も、愛結のことで相当に悩んだのだろう。その憔悴しきった様子に、無理に別れの経緯を聞き出すような真似は出来ず、広輝が自ら話し始めるのを待つことにした。

「……俺の、子供のときの話を、聞いてもらえますか？」

西野君と、仕事の話や芸能人の話など当たり障りのない会話を交わしながら、私が二杯目の生ビールのグラスを空けたころ、広輝がぼそりと口を開いた。愛結の話ではなくて広輝の昔話を？　と、少々疑問に思ったが、「もちろん」と、私は彼の話に耳を傾けた。


広輝の父方のご先祖様は、かつて北陸地方で豪商と呼ばれるような人物だった。両親に連れられて、幼い広輝が盆暮れごとに帰省した実家のお屋敷は、西洋建築を模した立派な洋館で、美しい外観、手入れの行き届いた庭園、海外製のインテリアで揃えられた内装など、母と姉の女性陣がうっとりとするような暮らしぶりだった。

しかし、男の子の広輝にしてみれば、人形の家のような場所で「高価な物を壊さないように」とビクビクしながら過ごすよりは、外で虫捕りや川遊びなどをして田舎を満喫する方がよっぽど楽しかった。

屋敷から少し歩いた場所に大きな神社があり、裏手にはカブトムシが棲む森も、小魚が獲れる小川もあった。広輝は近所の子に交じって、日中はよくそこで遊んでいた。毎年広輝の家族が訪れるお盆の時期には、その神社でお祭りが開かれていた。盆踊りに出店に花火、子どもにとってワクワクするような夏の行事のひとつだった。

それは広輝が十歳のころ、小学四年生の夏休みの出来事だったという。

例年神社のお祭りには、両親と姉と共に出掛けていたのだが、この年は初めて、近所の子供同士だけでお祭りに行こうという話になった。その提案に両親はあまりいい顔はしなかったが、広輝の説得に根負けして、最終的には許してくれた。中学生になっていた姉は、「ガキのお守りをさせられるくらいなら、家で本でも読んでいる方がまし」などと言って、祭りには出掛けなかった。

両親と祖母、それぞれからもらった五百円玉三枚を握り締め、神社に向かった。射的に綿あめ、金魚すくい。何を買うのにも、何をして遊ぶのにも、いちいち親の許可を取らなくていいのは最高に楽しかった。

境内を賑わす出店の一角に、お面を売る露店があった。色とりどりのプラスチック製のお面が、梯子状に組まれた木枠に飾られており、一見すると面の壁のようになっている。男の子に人気のヒーローのお面や、女の子が好きそうなキャラクターの面。幼いころ、何度か両親に「買って」とねだったこともあったが、父親から「あんなのはボッタくりだ」と無下に却下されて以来、いつも指をくわえて見ているだけだった。

さすがに小四にもなって、ヒーローもののお面が欲しいとは思わなかったので、幼稚園児くらいの男の子が母親に機関車の顔のお面を買ってもらっているのを微笑ましく眺めていると、陳列されたお面の端に飾られた、他とは趣《おもむき》の違った一枚の面が、広輝の目に入った。昔ながらのひょっとこやおかめ、狐の面に紛れて陳列されていたその面は、白い肌の女性の顔を模していた。

「日本の能面というよりも、西洋のお面に近いように見えました。カーニバルとか仮面舞踏会で被るような」

――ヴェネチアン・マスク。真っ先にその単語を想像した。

イタリアの北東部に位置する都市・ヴェネチアで、年に一度開催されるヴェネチア・カーニバルは、リオ、トリニダード・トバゴに並ぶ世界三大カーニバルとして名高いお祭りである。人々は豪華な中世の衣装で着飾り、デザインに富んだヴェネチアン・マスクで仮装をしてカーニバルに参加する。

「こんな感じの？」

私は、スマホで調べたヴェネチアン・マスクの画像を、広輝に見せた。マスクにはいくつかの種類がある。顔の上半分のみを隠すデザインのアイマスク、顔全体を覆うフルマスク。白い肌というからには、フルマスクのVoltoというタイプの仮面がイメージに近いのかと、私はその画像を探し出し画面に表示させた。白い面の目の部分のみがくり抜かれ、顔の中心には西洋人らしい高い鼻と、整ったラインの唇がかたどられている。鮮やかな原色や、金や銀でデザインが描き加えられていたり、羽根やレースで飾られた派手なマスクがほとんどだったが、そのベースとなっているのはどれも真っ白な面だった。

「……はい。でもこんなにきらびやかな装飾はなくって、ただ白い顔だけのお面でした」

画像を確認した広輝が、そう告げる。

日本の神社の夏祭りの露店に、西洋のお面。なんともミスマッチな光景ではある。小学四年生だった広輝も不思議には感じたけれど、見たこともなかったそのお面の美しさに、妙に惹かれてしまったという。

友達と一緒に露店をぐるりと回ったあと、もう一度さっきのお面屋へと戻った。焼きそばとフランクフルトを食べて、射的でも遊んでしまったから、小遣いはもう二百円しか残っていない。この金額じゃ、買えるわけがないとは思ったけれど、もう一度あのお面をよく見ておきたかった。

もうじき花火が始まるというので、小走りでひとりお面屋に向かった。露店に着いて真っ先に、白い女の面があった左端の上段に目をやるが、既に売れてしまったのか見つけることが出来なかった。だが、売れてしまったのならその場所は、他の買われていったお面の跡のように後ろの木枠が覗いているはずなのに、女の面があった場所には、あんパンの顔を持つ国民的ヒーローのお面が、頬を赤くして微笑んでいる。白い女の面は、どこにいってしまったのだろう。

「……あの、ここにあった、真っ白い顔のお面って売れちゃいましたか？」

露店の店主は、夜なのにサングラスをかけた怖そうなおじさんだったけれど、勇気を出して尋ねてみた。

「んー？　白いお面ってこれ？　それともこっち？」

おじさんが指さしたのは、赤いリボンを付けた白猫と、国民的ヒーローの仲間の食パンの顔を持つキャラクターのお面だった。確かにどちらも白い面だ。

「いや、えぇっと、女の人の顔の白いお面なんですけど」

「女の面？　だったらこれだ」

見た目の印象より断然人当たりのいいおじさんが、自信満々で示した指先には、ふっくらとした頬でにっこりと微笑む「おかめ」のお面があった。違うんだ。あの女性のお面は、もっと綺麗で神秘的で、何より飾られているほかのお面のように、安っぽいプラスチックではなくて、しっとりとした陶器のような高級感あふれる素材で作られていたんだ。

そう反論したかったけれど、

「おーい！　花火が始まるぞぉー！」

広輝を呼びに来てくれた、近所の友だちの声が聞こえたので、

「ごめんなさい。もう大丈夫です」

後悔は残ったものの、店主に頭を下げて、お面屋をあとにした。

花火と言っても、花火師があげるような大きな尺玉ではなく、一般の店で購入できる花火を町内会の大人が仕切って、打ち上げたり子供たちにやらせたりする程度の規模では

あったのだが、境内の広場で次々と灯る色とりどりの火花はそれなりに美しかった。配布された手持ち花火に火をつけて、ぱちぱちと弾ける様子をぼんやりと見つめていたことまでは覚えていたが、それ以降のその日の記憶が、広輝には全く残ってないという。

「俺、その祭りの日、そこから朝まで行方不明になっていたんです」

広輝が翌朝目を覚ました場所は、屋敷のベッドの上だった。近くに両親と祖父母がいた。みな眉間に皺を作り、ピリピリとした空気が部屋中を占めていた。

「何も覚えていないのか？」

怒ったような口調で、父親が言った。

神社から忽然と姿を消した広輝の捜索は、夜通し行われた。陽が昇り、明るくなっても息子を探し続けていた広輝の父親の元に「見つかった」との吉報が入った。屋敷の広輝にあてがわれた客間のベッドに、いつの間にか戻って眠っていたのだと。いつ神社から帰ったのか、どうやって屋敷に入ったのか、広輝は何も覚えていなかった。

「おまえを連れ去ろうとした、女の顔は覚えているか？」

父親の問いに、広輝は再度首を横に振った。一緒に祭りに行った近所の子たちによると、広輝は花火があらかた終わったころ、迎えに来た女性に連れられて帰ったというのだ。子どもたちは、その女性を広輝の姉か母親だと思ったらしいが、二人ともその時間は屋敷にいたので別人である。

その女性について子どもたちは「人形のように、きれいな女の人だった」と証言したらしいが、なぜ見知らぬ女性に自分はついていったのか、そして何よりどうしてその記憶が少しも残っていないのかが、広輝には不思議でならなかった。がしかし、それよりももっと不思議なことを、父親が尋ねてきた。

「おまえを連れ出したのは、この面に似た顔の女じゃなかったか?」

父親が差し出したのは、茶色く変色した古い写真だった。木箱の中に、収められたお面の写真。その面の顔は、広輝がお祭りの露店で見掛けた、あの白い顔の女性のお面とそっくりだった。

自分を連れ出した女性のことは覚えていないけれど、「このお面は、お祭りで見たよ」と父親に告げると、大人たちの表情が凍り付いたように固まった。母親は、なぜだか顔を覆って泣き出した。父親と祖父は、更に難しい顔をして無言で顔を見合わせていた。大きくため息をついた祖母が呟いた。

「……広輝、あんたも魅入られちゃったんだねぇ」と——。

よく考えれば、立派な犯罪じゃないのかと思われた祭りの夜の誘拐未遂事件は、警察沙汰にされることも、広輝を連れ出した女性を探し出そうとすることもなく、うやむやのまま揉み消されてしまった。それだけではなく、毎年恒例だった盆休みの家族での帰省は、その年以来なくなってしまった。いや実際には、なぜか広輝だけが連れて行ってもらえなかった。父親ひとりが墓参りのために里帰りしたり、母親が姉だけを連れて泊まりに行ったりと、広輝が学校の行事や部活などで行けないときを選ぶかのようにして、家族のみが屋敷を訪れていたのだ。

「それも全部、俺を護るためだったって言うんです」

「護るって、何から？」

「あの面の顔の、女からです」

広輝の話は、彼が中学二年生のころに進んだ。吹奏楽部に所属していた広輝には、入学当時から憧れていた一つ年上の先輩がいた。同じトランペットのパートの先輩で、後輩に優しく、上級生たちからの信頼もあり、真面目に部活動に励みながらも、陽気で明るくいつも周囲を笑わせてくれるような存在だった。毎日部活で顔を合わせているうちに思いは次第に募っていき、二年生に進級した際に、広輝は人生で初めての告白を彼女にしたのだった。先輩の答えはなんとイエス。広輝は喜びに舞い上がった。

「中学生同士の付き合いですからね。登下校を一緒にしたり、週末に図書館で一緒に勉強したり、そんな程度だったんですけど、楽しかったですね」

しかし、この交際はあっという間に終わりを迎える。その原因が、あの白い顔の面だというのだ。

「付き合っていることを別に秘密にしていたわけじゃなかったんで、部活のみんなも知っていたし、いつの間にかそれが母親の耳にも入っていたようなんです」

夏の終わりに開かれた、学祭の演奏会を見に来た母は、その日広輝が帰宅すると青ざめた顔でこう告げた。

「あの女とは別れなさい。すぐに」

いつも物静かでおだやかな母親のきつい物言いに、そして何よりもよく知らないはずであろう先輩のことを「あの女」などと呼ぶことに、広輝は反抗するよりも尋常ではない何かを感じた。そんな広輝に、母親が話してくれたのが、父親の実家と白い顔の面にまつわる深い因縁話だった。

既に他界している広輝の曾祖父は、貿易業を興して成功した実業家で、海外へ渡る機会も多かった。あるとき欧州から帰国した曾祖父が、「現地の友人から貰った」と、あの写真で見た女性の顔の面を持ち帰ってきた。

それ以来、曾祖父の周囲では不運な出来事が立て続けに起きるようになった。両親は相次いで病死。弟や妹たちも大怪我をしたり大病を患ったりが重なり、順風満帆に拡大していた曾祖父が起こした事業もトラブルが続いた。

困惑した曾祖父が泣きついたのが、氏神である神社の宮司だった。宮司は、曾祖父が家族に隠していたことを次々に言い当てた。曾祖父が海外で現地の女性と恋に落ちたが、結局手ひどい振り方をして帰ってきてしまったこと。白い顔の面はその女性から、贈られたものであること。そして宮司が言うには、その面こそが、曾祖父の周囲に不幸な出来事を引き寄せている元凶なのだと。

忠告を聞き、曾祖父は面をお祓いしてもらった上で神社に預け、更に宮司がお膳立てしてくれた見合いで出会った曾祖母と急いで婚姻を結んだ。なんでも曾祖母の家系の女性は、悪しき力を寄せ付けない不思議な能力を備えており、彼女の庇護の元で暮らせば、曾祖父と一族の身にこれ以上悪いことは起きないであろうと告げられたからだった。

曾祖母を嫁に迎えて、全ては立て直されたかに思えた。事業も安定し、弟や妹、分家の親族の皆も健康を取り戻した。曾祖父と曾祖母の間には、広輝の祖父に当たる長男も生まれ、めでたい跡継ぎの誕生だと手塩にかけて育てられた。

しかし、常に学業も優秀、品行方正だった祖父が、高等学校に在学中、突如家出をした。交際していた年上の女性と駆け落ちをしたのだ。

曾祖父と曾祖母の必死の捜索により、東北地方に逃げていた祖父とその彼女は、発見されて連れ戻されると、強引に別れさせられた。見つかった当時の祖父は、ガリガリに痩せ細った上に肺炎を患い、命の危険もあるような酷い健康状態であった。そのときのことを、祖父は後にこう語った。

「なんで彼女と駆け落ちまでしてしまったのか、いまだに分からない。まるで、熱に浮かされたようだった」と。

祖父が恋に落ちた女性は、あの白い顔の面の女性に瓜二つだったのだそうだ。透き通った白い肌、彫刻のように整った鼻筋と、魅惑的な曲線を描いた唇。そのどれをとっても驚くほどよく似ていたという。祖父はその後、曾祖父同様に曾祖母の遠縁に当たる娘と結婚をした。彼女もまた、祖父の身辺を護るために選ばれた女性だった。

母親から聞かされた、一族を不幸に陥れると言われた面にそっくりな女の話はそれだけでは終わらず、広輝の父親の代にまで続いた。

父親がその女と出会ったのは、彼が大学生のころだった。東京の大学に進学する際、父親は両親から何度も「あの面に似た女には気をつけろ」と釘を刺されていた。なので大学の構内で、面にそっくりな女子学生を目撃してしまったときは「絶対彼女に近づくまい」と自らに警笛を鳴らしていた。にもかかわらず、父親はどんどん彼女に惹かれていった。

「あんなに美しい女性が、他人を不幸にするはずがない」

いつの間にか、そんな風に信じ込むようになってしまった父親は、ついに彼女と一線を越えてしまった。だが、どんどん彼女に溺れていく自分に怖くなった父親は、両親の忠告も頭をよぎり、覚悟を決めて身を切る思いで彼女に別れを告げた。

すると、美しくて優しかった彼女が豹変した。一日百回近くの電話責め、家に押しかけてのピンポン攻撃、昼夜問わずのつきまとい。ストーカーと化してしまったのである。包丁を持った彼女が、父親の住むアパートの前にいたこともあったし、駅のホームで電車を待っていた際に、彼女らしき人物に押され、線路に落下しそうになったこともあった。

身の危険を感じた父親が両親に相談をすると、彼等から早々にひとりの女性を紹介され婚約を交わすことになった。その女性が、広輝の母親となる人物であり、やはり祖母や曾祖母の家系の血を受け継ぐ存在であった。以来、父親を追い回していた面に似た顔の女は、憑き物が取れたように彼の周囲から姿を消した。

あの面の妖力はまだ続いている。なんとかしなければと、曾祖母の提案で、もう一度神社できちんと面をお祓いしてもらおうという話になった。しかしいつの間にか、預けていたはずの面は、神社から忽然と消えていたのだという。

「誘拐未遂事件があった日に、その曰くつきの面を見ただなんて俺が言ったから、両親も祖父母もピリピリしていたんでしょうね。一族にまた不幸があるんじゃないかって」

だから祭りの日以降、ご家族は広輝を神社から遠ざけようとしていたのだろうか。

「母親に言わせると、俺が付き合っていた先輩は、あの面にそっくりだったそうです。俺自身は、どんな面だったかなんて覚えていなかったから、ただ母親の剣幕にビビッて、先輩とは距離を置くようになったんですけど」

受験生だった彼女が部活を引退し、接点がなくなると、二人の関係は自然消滅した。

「それからはなんとなく、女の子と付き合うことに抵抗を覚えるようになっちゃったんですよね。というのも、俺が『いいな』って思う子って、みんな顔が似たタイプだったんですよ」

色白で目鼻立ちのはっきりとした、大人っぽい印象の女性。気が付くと、そんな子ばかり気になっている自分に、「これはやはり、あの面の力が作用しているのではないか」と疑いを抱くようになり、泥沼に足を踏み入れてはいけないと自らを制していたのだと広輝は語る。

「大学生になって愛結と付き合いだしたのは、彼女に声を掛けられたのがきっかけだったんですけど」

二人の出会いのエピソードは、私もよく知っていた。

伊豆へのダイビングツアー。そのツアーに私も参加していたからだ。社会人がほとんどだったツアーの中、学生でなおかつひとりで参加していた愛結と広輝は、意気投合したのだろう。恒例のツアー後の飲み会で、二人がずっと肩を寄せ合って話に夢中になっていた様子を覚えている。

「愛結といると楽しかったし、元気が出たし、何より愛結は今まで気になった子とは違うタイプの顔立ちだったことに安心感が持てて、交際を決めたんです」

確かに愛結は童顔だし、顔つきもぽっちゃりとした和風タイプだ。そしてダイビングを始め、マリンスポーツやアウトドアが好きな行動派だったから、健康的な小麦色の肌のイメージがある。なのに広輝は、「親が認めない」という理由で愛結を切った。不幸を招くという面に、少しも似ていない愛結と別れた理由は、いったいどこにあったのだろうか。

「……俺も、ずっと気が付かなかったんですけど」

私の問いに、広輝は自分の中の答えを確認するように、ゆっくりと言葉を紡いだ。

「あいつ、この数年間で、めちゃくちゃ痩せたと思いませんか？」

広輝の言葉に、私は先日ワインバーで共に過ごした愛結の姿を思い浮かべた。確かに、出会ったころより社会人として洗練されてきたからか、スリムになって化粧もおしゃれも上達していたように感じた記憶があった。

「似ているんですよ、今のあいつは。あの白い顔の女の面に」

スマホを取り出した広輝が最初に見せてくれた画像は、皆で行った懐かしい伊豆へのダイビングツアーでの集合写真だった。ウェットスーツ姿で集まる笑顔の男女。後列の端に、照れくさそうに笑顔を見せる広輝と、大きく口を開き楽しそうに笑う愛結が並んでいる。私の思い出の中と同じく、健康的な女子の姿で。

続けて広輝が、もう一枚を差し出した。

「これが、別れる直前のあいつです」

開放的な海辺での写真から一転して、落ち着いた照明の室内の画像だった。芸術的な生け花が施されたいかにも高そうな巨大な壺の前で、いわゆるモデル立ちでポーズを取る愛結。このころにはもう、二人はうまくいってなかったのだろうか。口元は固く閉じられ、微笑みは見られない。広輝の言う通り、確かに愛結は一枚目の画像と比べてずいぶんと痩せて大人びて見えた。顔のラインもすっきりとして、日に焼けた肌も白く変わっていたが、肌が白く見えるのは室内だし照明のせいもあるのではないか。白い顔の女の面に似てきただなんて、広輝の思い込みではないのか。

「面の写真はもう手元にはないんで、これを見てもらえますか？」

画面を何度か指でスライドさせた広輝が、再びスマホを見せてくる。それはアルバムに貼られた写真を、更に撮影したような画質の粗い写真だった。愛結の二枚の画像よりは、格段に不鮮明で見づらかったが、制服姿のおさげ髪の女子が映っているのが分かる。手にしているのは金色の管楽器、トランペットだ。

「彼女が、俺が付き合っていた先輩です」

中学生とは思えないような色気のある、既に「女」の顔をした女子だった。制服姿に違和感すら覚えるほどの。白い肌にぱっちりとした目鼻、ふっくらとした唇はキリリと結ばれ、どこか物憂げにカメラに視線を向けている。

「似ていると、思いませんか？」

ご丁寧にも、広輝は二枚の画像を並べて表示させて、目の前に掲げる。

「……うーん、どうかなぁ」

言葉を濁したのは、明言してしまって広輝と愛結の破局を、因縁の面のせいにしてしまうことに納得がいかなかったからだ。なんで先祖が買った恨みを、広輝が背負わなくてはならないのか。広輝がここまで面に恐怖を抱いてなかったら、二人は別れることはなかったのではないかと。

「俺も気のせいだって思いたかったんです。だから、愛結からそろそろ結婚したいって言われたときも、前向きに考えようとしたんです。でも、実家に帰って愛結の写真を見せたら……」

家族に猛反対されたという。母親と祖母は人が変わったように怒り泣きわめき、そして何より広輝を怯えさせたのは、高齢による痴呆で何を話しても通じなかったはずの曾祖母が、愛結の写真を見せた途端にかっと両目を見開き、

「ならん！　ならんぞ！　この女を家に入れてはならん！」

と口の端から泡を吹きながら、叫び続けたことだった。

「あんな状況で俺と愛結が結婚したら、俺の家族どころか愛結だって不幸になると思って……」

がっくりと肩を落とした広輝に、掛けるべき言葉が見つからなかった。

「実際、どう思う？」

明日が早いからと一足先に店を出た広輝を見送った私と西野君は、二人で飲み直していた。広輝には言わなかったが、彼が見せてくれた中学時代の彼女と愛結の二人は、確かに似ていた。顔の造作というよりも、醸し出す雰囲気が似ていたのだ。カメラを見つめる視線の温度のようなものが。

でもそんな非科学的な見解は、酔いのせいか若しくは広輝の話を聞いての刷り込みかもしれないと感じて、私は改めて西野君に尋ねてみた。

「いやぁ、分かんないっすよ。でも確かに、大学入ったころのあいつがイイなって言う女は、結構大人びたハーフっぽい顔立ちの美女が多かったんですよ。こいつ結構面食いだなぁって思っていて。だから愛結ちゃんと付き合いだした当初は、好みが変わったのかって感じていたんですけど……。ほんと、あのころと別人ですよね、最近の愛結ちゃん」

いつもひょうきんものの西野君が、重い口調で呟く。

「あと、似ていると言えば、思い出したことがあるんですけど」

「なに？」

「あいつの母ちゃんとばあちゃん、めちゃくちゃそっくりだったんですよね。話し聞いて納得しました。遠縁に当たる人たちだったんですね」

大学時代、まだ広輝と愛結が付き合いはじめる前に、西野君は広輝と一緒に、広輝の父親の実家を訪れたことがあるという。

「仲間と行ったキャンプの帰りに立ち寄ったんですけど、広輝の母ちゃんとばあちゃんとひいばあちゃんまでいて」

マトリョーシカかよ、と突っ込みを入れたくなるほどに三人の容姿は似ていたそうだ。

「観音様というか菩薩的な、母性溢れるおっかさんって感じの人たちで。ずっとにこにこしていて、あの人たちが泣き叫んだり怒り狂ったりする姿なんて、想像がつかないんですけどね」

悪しき力から、一族を護るために嫁いできたという彼女たちは、菩薩に似ているのか。ヴェネチアン・マスクの顔を持つ女たちと、仏の顔を持つ女たち。これからもずっと、広輝の一族の男たちは彼女たちに翻弄され、そして護られて生きていくのだろうか。

広輝の話を聞いた後では、二人の関係が修復されるとは到底思えなかった。ツアーにも仲間との飲み会にも、その後二人が顔を見せることはなくなったと人づてに聞いた。


これで解決したかと思っていた矢先、西野君から再び連絡があった。

「愛結ちゃんがヤバいんです。姐《ねえ》さんからひとこと、言ってやってくれませんか？」

実際の兄弟は姉しかいない私を、「姐さん」などと呼んで慕ってくれる年下の友人たちは、私にとって大切な弟や妹分である。頼られたらなんとかしてやりたいと、私は早速愛結に連絡を取った。

「なんかこのところずっと体調が優れなくて……」

暗い声で電話に出た愛結に「お見舞いに行こうか」と言うと、愛結の住むマンションの近くのショッピングモールで、落ち合おうと提案された。

約束のフードコートに部屋着のようなくたびれたスウェット姿で現れた彼女は、前回会ったときよりも更に痩せて、目の下にひどいクマを作り、疲れ切った表情をしていた。

「すみません、ちょっとメールしてもいいですか」

私の返事を待たずに、椅子に座るなりスマホを操作しはじめる。

「メールって、広輝に？」

西野君から聞かされていた。愛結が、広輝に対してストーカー行為を始めだしたことを。メールに電話、つきまとい。分厚い封筒に入った自筆の手紙も、何度も消印なしで広輝のアパートに届けられていたという。更には仕事帰りの広輝を待ち伏せしては、泣いて喚いて叫んで脅して、復縁を迫っているのだとも。

「らしくないじゃない。もう吹っ切って、次に進むって決めたんでしょ？」

豹変した愛結にほとほと困り果てた広輝は、西野君経由で私に愛結を説得して欲しいと頼んできたのだ。警察沙汰にはしたくないから、なんとか穏便にと。

「……そうなんです、そうなんですけれど」

私の言葉に、愛結は不安げに目を泳がせる。

「分かってはいるんですけど、止められないんです。広輝を逃がしちゃダメだって、頭の中で声がするんです！」

周囲が振り返るような悲痛な声をあげて頭を抱える愛結の背中を、少しでも落ち着けるようにと撫でてやる。可哀想に、こんなにも追い詰められていただなんて。

「ごめんなさい、なんか自分でもこんな風になっちゃったのが怖くて……」

「大丈夫、大丈夫だよ」

「最近、全然安眠もできてなくって」

「そっか。睡眠は大事だよ。ちゃんと眠れれば、気分も落ち着くかもしれないね」

もう、私が話を聞いてあげるだけで済む事態ではないのかもしれない。知り合いの心療内科を脳内でリストアップする。プロに委ねて治療してもらった方が安心だと。そんなことを考えていると、愛結が気になる言葉を口にした。

「夢を見るんです、すごく怖い夢。白い顔の女が、私を追いかけてくるんです」

白い顔の女――？

「……やだ、あそこにもいる」

震える指先で、愛結が指さす方向に目をやった。

フードコートの向かい側、旅行代理業者が構える店があった。店頭に飾られているのは「イタリア特集」と銘打たれたポスター。ローマ、ミラノの観光地の写真と並んで、ひときわ目に留まる大きさでヴェネチアのカーニバルの写真が使われている。黒くり抜かれた目に白い肌の面が、こちらを見ている。愛結の夢にまで現れたという白い面。愛結は広輝から、彼の一族に纏わる面の話は聞いていないはずだ。なのにどうして——。

愛結と別れた私はすぐに広輝にも連絡を入れ、彼女が見た夢の話をした。

「色々、ご迷惑かけてすみませんでした。でも、もうじき全て終わると思います」

広輝は、実家の意向通り、お見合いをしようと思っていると伝えてきた。どんな人かは聞かなくても想像ができた。母親たちと同じ血筋の女性だろうと。


次の年の正月。広輝から届いたのは「結婚しました」の文字が印刷された、写真付き年賀状だった。袴姿の広輝の隣には、菩薩の微笑みをたたえる白無垢姿の女性がいた。

愛結もその後元気を取り戻し、社会人のダイビングサークルで出会った男性と交際を始めたらしい。海にもまた出かけるようになり、日に焼けた肌で写った画像をＳＮＳで時折あげているようだ。

これでもう、二人が白い顔の女を気に病むことはないだろう。

少なくとも、広輝と奥さんの間に、男の子が生まれるまでは——

今宵、貴方が見る夢は

県内の公立高校に通う夏帆さんの学校に伝わる話を、息子を通じて聞かせてもらった。

彼女の高校の女子トイレには鏡がない。それも、三年生の教室がある三階のトイレだけに、鏡を外された形跡があった。一年生や二年生が使用する他の階のトイレにはちゃんと鏡が設置されているのに、どうして三階だけないのか、不公平ではないのかと、もちろん不満の声が上がっている。教師の言い分によると、「洒落っ気が出てきた三年女子がトイレの鏡の前を占領して、あれこれトラブルの原因になったから」ということらしい。しかし、それはあくまでも表向きの理由で、本当はもっと恐ろしい理由があるのだと、合宿の夜に部活の先輩から、夏帆さんはこんな話を聞かされた。

――放課後。燃えるように赤い夕陽が、三階の女子トイレに差し込む黄昏時、ひとりで鏡の前に立つと、自分の死にざまが鏡の中に見えてしまう。

そんな噂が、かつてまだ三階の女子トイレに鏡があったころに生徒たちの間に流れた。単なる噂だろうと笑い飛ばしながらも、皆なんとなく気に掛け、部活や委員会などで下校が遅くなった際には、必ず誰かと連れ立ってトイレに行ったり他の階を利用したりしていた。そのころ、校内でも目立った遊び人のグループがあった。三年生の男女数名で常につるんでいた彼らの間でも、女子トイレの鏡の噂は話題に上り、肝試し的に「誰かチャレンジしてみろよ」という話になった。「じゃあチャレンジできたら、ひとり千円ずつ賞金出そうぜ」などと盛り上がり、結局グループ内の女子で一番気が強くて発言力もあるA子が挑戦することになった。

ある晴れた夏の終わり。日暮れどきまで教室で、皆で駄弁りながら時間を潰す。西の空が赤く染まり始めたころ、A子は「じゃあ、ちょっと行って来るわ」とひとりで女子トイレに向かった。仲間たちは廊下でA子がトイレに入るのを見届け、彼女が出てくるまでそこで待った。トイレの中は静まり返っている。「やっぱりただの噂だったよ」と、あっけらかんとした顔ですぐにA子が出てくるものだと誰もが信じていたのに――

やがてトイレから出てきたA子は、真っ青な顔で全身をがたがたと震わせて怯え切っていた。

「……見た。見ちゃった。どうしよう。あたし、あんな風に死ぬんだ」

噂は本当だったのかと、友人たちがA子に「何を見たのか？」と尋ねても、

「……いやだいやだ、あんな死に方なんて絶対したくない。いや。絶対にいや」

A子はぶつぶつと、うわ言のように繰り返すだけだった。

その日の下校時、電車を待つホームから飛び降りて、A子は死んだ。激しく電車にぶつかった身体は、見るも無残に友人たちの目の前でバラバラに飛び散った。こんなにも酷い死に方を選んだA子が恐れた、鏡に映った「自分の死にざま」とは、いったいどんなに悲惨な姿だったのであろうか。


夏帆さんが先輩から聞かされた話には、更に続きがあった。

「この話を聞いた人は、三日以内に誰かに話さないとA子さんが鏡の中に見た死に方と同じ死に方をする」のだと。

チェーンメール的なよくあるパターンだが、この一文が話の最後につくと、私は一気に白けてしまう。

夏帆さんは息子に、息子は私に話したのだから気楽なものだったけれど、特に私は誰に

話すこともなく放っておいた。もちろん三日過ぎてもピンピンしている。ただし、寝覚めの悪い夢を見た。誰かに追われ、殺される夢だ。酷く残忍で震え上がるような方法で。なのにどうしても、目覚めたあとに殺された方法が思い出せない。ただ、とてつもなくイヤな夢だったという記憶だけが残るのだ。正直これはあまり気持ちのいいものではない。

もしかすると、これこそがあの話を聞いた者に降りかかる悪夢なのではないだろうか。身体がバラバラに四散するような死に方を選んだA子が恐れたほどの「死にざま」とは、果たしてどんな死に方だったのか。気が付くと私は、繰り返しそのことを考えてしまっている。答えは永遠に、分からないというのに。いつしかこの思考の呪縛から、私が解放される日が来るのだろうか。

密かに期待しているのは、こうやって文字にしたことによって、A子の死に関しての妄想が、終わりになってくれるのではないかということだ。

若しくは、これを読んだ貴方に、悪夢の連鎖が引き継がれるであろうことを――

あとがき

旅するように、怪異に触れたい。

それこそが私が怪談を読み、そして綴り続ける理由かもしれない。

ダイビングを趣味にしていたのは、海で暮らす魚や珊瑚礁などの生物を眺めるのはもちろん、水中という我々人類にとっては異界である領域に、身を置ける時間が好きだったからだ。旅行に出掛けるのもそうだ。見知らぬ国、見知らぬ街、まだ見たことのない景色やその土地独自の文化に触れる醍醐味は、飛び切りの娯楽であると考えている。

そんな異界体験による悦びを、身も凍るような怪異譚を人様から拝聴した際や、奇々怪々な現象に自身が出くわした折にも、ひしひしと感じている。

世界は広く、そして奇妙に満ちている。

それを認識することで、無力な自分を見つめ直したり、毎日の小さな幸せに感謝したりできるのだ。怪談による、メンタルケアとでも言うべきか。

本書「誘《いざな》ゐ怪談」は、私・松本エムザの初めての単独怪談集である。

竹書房の実話怪談コンテスト【怪談最恐戦投稿部門】のために取材・執筆した作品を始め、小説投稿サイト・エブリスタに掲載中の怪談小説も併せて収録している。

どれが実話でどれが創作であるかを敢えて区別していないのは、創作怪談においても、友人知人や自分自身の体験を、ところどころに織り交ぜて綴っているからである。四十篇をまとめて改めて感じたのは、怪異は想像以上に我々の身近に潜んでいるという点だ。扉を開くと……、振り返ればそこに……、旅するよりもむしろ近くにそれはある。

本書が、読者の皆様にとって、未知なる異界への「誘《いざな》ゐ」になれたなら、と心より願っている。

末尾ながら、本書作成に当たり、貴重な体験を聞かせてくださった皆様、出版に携わった全ての方々、そして何よりもこの本を、お手にしていただいた貴方様に、深く御礼の言葉を申し上げたい。

またいつの日か、皆様を不思議な世界に、誘《いざな》えることを願って——

松本エムザ

エブリスタ

国内最大級の小説投稿サイト。

小説を書きたい人と読みたい人が出会うプラットフォームとして、これまでに200万点以上の作品を配信する。

大手出版社との協業による文学賞開催など、ジャンルを問わず多くの新人作家発掘・プロデュースを行っている。

http://estar.jp

誘み怪談

2020年1月3日　初版第1刷発行

著　松本エムザ
カバー　橋元浩明（sowhat.Inc）
発行人　後藤明信
発行所　株式会社　竹書房
〒102-0072　東京都千代田区飯田橋2-7-3
電話 03-3264-1576（代表）
電話 03-3234-6208（編集）
http://www.takeshobo.co.jp
印刷所　中央精版印刷株式会社

定価はカバーに表示しています。

落丁・乱丁本は当社までお問い合わせ下さい。


ISBN978-4-8019-2124-5 C0193

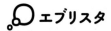